册三

战国策

三寸之舌，强于百万之师

【西汉】刘向 编选

万卷出版公司

貂勃常恶田单

原文

貂勃常恶田单，曰：『安平君①，小人也。』安平君闻之，故为酒而召貂勃，曰：『单何以得罪于先生，故常见②誉于朝？』貂勃曰：『跖③之狗吠尧，非贵跖而贱尧也，狗固吠非其主也。且今使公孙子贤，而徐子不肖。然而使公孙子与徐子斗，徐子之狗，犹时攫公孙子之腓而噬之也。若乃得去不肖④者，而为贤者狗，岂特攫其腓而噬之耳哉？』安平君曰：『敬闻命。』明日，任之于王。

注释

①安平君：即田单。②见：被，表被动。③跖：盗跖，相传为大盗。④不肖：不好。

译文

齐人貂勃一直在诽谤田单说：『安平君田单是小人。』田单听到这句话以后，就故意设酒宴请貂勃，席间他问貂勃说：『我田单不知怎么得罪了先生？以至先生经常在朝廷赞美我。』貂勃回答说：『盗跖的狗对圣尧吠叫，并不是知道盗跖高贵而瞧不起尧，是因为狗本来就对不是他的主人的人狂叫。现在假如公孙子好，而徐子不好。可是若是公孙子和徐子打架时，徐子的狗还是要扑过去咬公孙子的腿。可见如果不离开坏主人，去做一只好主人的狗，那他只有扑过去咬好人的腿了。』田单说：『明白了！』第二天，田单就把貂勃推荐给齐襄王。

原文

王有所幸臣九人之属，欲伤安平君，相与①语于王曰：『燕之伐齐之时，楚王使将军将万人而佐②齐。

今国已定，而社稷已安矣，何不使使者谢于楚王？』王曰：『左右[3]孰可？』九人之属曰：『貂勃可。』

注释

①相与：一起。②佐：即辅佐，在此指救援。③左右：指近臣。

译文

这时襄王有九个宠臣，都想要陷害田单，因此就一起对襄王说：『当燕国侵略我齐国时，楚王派淖齿为将率领一万人救援齐国。现在齐国已经安定，社稷也平稳无事，为什么不派遣使者去向楚王致谢呢！』齐襄王问：『在左右侍臣中，谁可以出任谢使呢？』九个宠臣一致回答说：『貂勃最适当。』

原文

貂勃使楚。楚王受而觞之，数日不反[1]。九人之属相与语于王曰：『夫一人身，而牵留万乘者，岂不以据势[2]也哉？且安平君之与王也，君臣无礼，而上下无别。且其志欲为不善。内牧百姓，循抚其心，振[3]穷补不足，布德于民；外怀戎翟、天下之贤士，阴结诸侯之雄俊豪英。其志欲有为也。愿王之察之。』

注释

①反：通『返』，返回。②以据势：因为仰仗权势。据，仰仗，依靠。③振：救济，救助。

译文

貂勃出使楚国以后，楚王设宴款待他，把他留在宫中几天没有回国，因此，这九名宠臣就乘机向齐襄王进谗言说："楚王是一位大国的君主，可是如今竟殷勤款待小小使臣貂勃，这很可能是仰仗着安平君田单的缘故。田单不讲君臣之礼，不分大小尊卑，而且心怀造反阴谋。所以他才对内安抚百姓、笼络人心、广施恩德救济贫民；对外施恩于戎翟、结纳天下诸侯贤达、暗中和英雄豪杰交往。可见田单确实有意造反，但愿大王能够多多加以注意！"

原文

异日[①]，而王曰："召相单来。"田单免冠徒跣[②]肉袒[③]而进，退而请死罪。五日，而王曰："子无罪于寡人，子为子之臣礼，吾为吾之王礼而已矣。"

注释

①异日：有一天。②徒跣：赤脚。③袒：裸露。

译文

有一天齐襄王对侍臣说："把宰相田单给我叫来！"田单知道情况不好，就摘下官帽，光着脚，赤着上半身，低着头走到齐襄王面前，请襄王赐死罪。过了五天，襄天对田单说："你并没有得罪寡人，只不过你依臣礼而为，我依君礼而为罢了。"

原文

貂勃从楚来，王赐诸前，酒酣，王曰："召相田单而来。"貂勃避席稽首曰："王恶得此亡国之言乎？王上者孰与[①]周文王？"王曰："吾不若也。"貂勃曰："然，臣固知王不若也。下者孰与齐桓公？"王曰："吾不若也。"

注释

①孰与：与……相比较。

译文

貂勃从楚国回来以后，齐襄王当面赐他酒喝，正当他喝得兴高采烈时，襄王又对左右侍臣说：『把宰相田单叫来！』这时貂勃就离开宴席，跪在地上给襄王磕头说：『请问君王为何说出这种「亡国之言」呢？请问君王比周文王如何？』齐襄王说：『寡人不如周文王。』貂勃说：『是的，臣也知道君王不如周文王，那么君王下比齐桓公如何呢？』齐襄王说：『寡人也不如齐桓公。』

原文

貂勃曰：『然，臣固知王不若也。然则周文王得吕尚①以为太公，齐桓公得管夷吾②以为仲父，今王得安平君而独曰「单」。且自天地之辟，民人之治，为人臣之功者，谁有厚于安平君者哉？而王曰「单」。恶得此亡国之言乎？

注释

①吕尚：即姜太公吕望，曾辅佐周武王灭商。②管夷吾：即管仲。

译文

貂勃说：『是的，臣也认为君王不如齐桓公。因为周文王得到吕尚以后，拜他为「太公」；齐桓公得到管仲以后，称他为「仲父」，现在君王得到安平君，却直呼他为「田单」。再说自从开天辟地有人类以来，为人臣的论功劳，谁敢和安平君相比呢？可是如今君王竟直呼安平君为「田单」，君王怎么能使用这种预示亡国的称呼呢？

原文

『且王不能守先王之社稷，燕人兴师而袭齐墟，王走而之[①]城阳之山中。安平君以惴惴[②]之即墨，三里之城，五里之郭，敝卒七千，禽其司马，而反千里之齐，安平君之功也。

注释

①之：到。②惴惴：惊恐不安。

译文

『况且当初君王不能维护先王的社稷，燕人兴兵侵入齐国，占领首都临淄，君王逃往城阳山中。所幸有安平君的倾力协助，他仅凭陷入敌人包围的即墨一城，也就是仅凭「三里之城」、「五里之郭」以及七千残兵败将，而大举向燕军反攻，俘虏燕军主将司马，收复齐国一千多里的失地，这可都是安平君的汗马功劳。

原文

『当是时也，阖城阳而王，城阳、天下莫之能止。然而计之于道，归之于义，以为不可，故为栈道木阁，而迎王与后于城阳山中，王乃得反，子临百姓。今国已定，民已安矣，王乃曰「单」。且婴儿之计不为此。王不亟[①]杀此九子者以谢安平君，不然，国危矣！』

王乃杀九子而逐其家[②]，益封安平君以夜邑万户。

注释

①亟：赶快。②逐其家：指放逐他们的家眷。

译文

"假如那时安平君关上城阳门自立为王，城阳之人，天下诸侯谁也不能制止他。然而他却从道义上筹划，大义凛然地认为不可以这样做。于是安平君在山里修栈道，到城阳山中毕恭毕敬地迎接君王和王后，因此君王才能回国统治万民。现在国家已经安定，君王就直称功臣的姓名，臣认为即使是三尺之童都不会这样做。假如君王不赶紧杀死这九名奸臣，向安平君谢罪，那臣认为我们的国家就危险了。"

于是齐襄王就立刻下令杀死九名奸臣，把他们的家属都放逐到遥远的边区，然后加封田单夜邑一万户。

濮上之事

原文

濮上之事，赘子死，章子走[1]。盼子谓齐王曰："不如易馀粮于宋，宋王必说[2]。梁氏不敢过宋伐齐。齐固[3]弱，是以馀粮收[4]宋也；齐国复[5]强，虽复责之宋，可；不偿，因以为辞[6]而攻之，亦可。"

注释

①走：逃走。②说：通"悦"，高兴。③固：固然。④收：收买。⑤复：再度。⑥辞：借口。

译文

秦、魏、韩和齐国在濮上大战，齐国战败，赘子战死，章子败逃。齐将田盼对齐王说道：『不如您将我们的余粮全都交给宋国，宋王必将为此很高兴。而魏国因此也就不敢再通过宋国来攻打齐国了，齐国现在固然是国力弱小，所以就拿我们的余粮去收买联合宋国；等到齐国以后再度强盛起来的时候，就可以再向宋国索要回我们现在送给他们的粮食，他们归还的话就算了，如果倒是他们不归还，我们就可以以此作为借口，出兵攻宋，这也是很好的计划呀。』

齐闵王之遇杀

原文

齐闵王之遇杀，其子法章变姓名，为莒太史家庸夫①。太史敫女，奇②法章之状貌，以为非常人，怜而常窃衣食之，与私③焉。莒中及齐亡臣相聚求闵王子，欲立之。法章乃自言于莒，共立法章为襄王。襄王立，以太史氏女为王后，生子建。太史敫曰：『女无谋④而嫁者，非吾种也，污吾世矣。』终身不睹⑤。君王后贤，不以不睹之故失人子之礼也。襄王卒，子建立为齐王。君王后事秦谨，与诸侯信，以故建立四十有馀年不受兵。

注释

①庸夫：普通人，这里是指仆人。②奇：以之为奇。③私：私通。④无谋：没有媒人。⑤不睹：不再相见，意思是断绝关系，不再往来。

译文

齐闵王被杀害以后，他的儿子法章便改变换了姓名，到莒地一个姓敫的太史家去做仆人。太史敫的女儿以法章的相貌为奇，认为他不是平常人，对他十分怜爱，常常将衣服和食物偷偷地送给他，并和他有了私情。莒地的民众以及从齐国国都逃到莒地的大臣后来聚集在一起，共同商议要找到闵王的儿子，并将其立为王。在莒地的法章便主动出来承认自己就是太子，于是众人便立他为襄王。襄王即位以后，便立太史敫的女儿为王后，后来生下太子名建。王后的父亲太史敫说：『女儿没有通过媒妁之言就出嫁了，那你就不是我们家的后人，有污我们清白的家世。』于是便和他的女儿断绝了关系，终身不再相见。王后为人贤惠，并没有因为父亲和她断绝了关系就不再顾念父女间应有的礼节。齐襄王死了以后，他的儿子建便被立为齐王，王后对秦国一向是态度谨慎，对待其他诸侯也十分恭敬谦和，因此在齐王建在位的四十多年间，齐国没有遭受到什么大的战祸。

原文

秦始皇尝使使者遗①君王后玉连环曰：『齐多知②，而解此环不③？』君王后以示群臣，群臣不知解。君王后引④椎椎破之，谢秦使曰：『谨以解矣。』及君王后病且⑤卒，诫建曰：『群臣之可用者某。』建曰：『请书之。』君王后曰：『善。』取笔牍受言。君王后曰：『老妇已亡矣。』君王后死后，后胜相⑥齐，多受秦间⑦金、玉，使宾客入秦，皆为变辞⑧，劝王朝秦，不修⑨攻战之备。

注释

①遗：赠送。②知：通『智』，聪明。③不：通『否』。④引：拿起。⑤且：将要。⑥相：担

任相国。⑦间：离间，这里指的是君臣关系的人。⑧变辞：迎合之辞。⑨修：准备。

译文

秦始皇曾派使臣送给王后一副玉连环，说道：『我听说齐国的人都很聪明，您能将这个玉连环解开吗？』王后便将玉连环拿给群臣看，群臣中没有人知道应该怎样将其解开。王后便拿起一把椎子，一下子将它敲破，然后对秦王的使臣说：『现在已经解开了。』后来王后病危，将要死去的时候，她告诫齐王建说：『群臣中值得信用的有这么几个人……。』齐王建说：『请让我将他们的名字写下来。』王后说：『好的。』于是，齐王便去取笔和木简用来记录她的遗言。王后却说道：『……现在我却已经忘记了。』王后死了以后，后胜开始担任齐国的相国，他大肆收受了那些离间齐国君臣关系的秦人的金、玉，每次他派往秦国去的宾客，全都说一些符合秦国利益的迎合之辞，他们劝说齐王建前去秦国，却丝毫不考虑战备的问题。

齐王建入朝于秦

原文

齐王建入朝于秦，雍门司马前曰：『所为立王者为社稷耶？为王立王耶？』王曰：『为社稷。』司马曰：『为社稷立王，王何以去①社稷而入秦？』齐王还车而反②。即墨大夫与雍门司马谏而听之，则以为可可③为谋，即入见齐王曰：『齐地方④数千里，带甲⑤数百万。夫三晋大夫皆不便⑥秦，而在阿、鄄之间者百数，王收而与之百万之众，使收三晋之故地，即临晋之关可以入⑦矣；鄢郢大夫不欲为秦，

而在城南下者百数，王收而与之百万之师，使收楚故地，即武关可以入矣。如此，则齐威可立，秦国可亡。夫舍南面之称制，乃西面而事秦，为大王不取[8]也。』齐王不听。秦使陈驰诱齐王内之，约与五百里之地。齐王不听即墨大夫而听陈驰，遂入秦，处之共[9]松柏之间，饿而死。先是齐为之歌曰：『松邪！柏邪！住建共者客耶？』

注释

①去：离开。②反：通『返』，返回。③可可：应为『可与』。④地方：地，土地。方，方圆。⑤带甲：佩戴者铠甲的士兵。⑥便：亲近，便利。⑦入：这里是攻入的意思。⑧不取：不可取，不明智。⑨共：地名，在今天的河南辉县。

译文

齐王建将要到秦国去朝见秦王，齐国都城雍门的司马上前来到齐王的马车前进谏说：『请问大王，我们是为了国家而立王呢？还是为大王您而立王呢？』齐王说：『当然是为国家。』司马说：『既然是为了国家而立王，那您为何还要抛弃自己的国家而前往秦国呢？』齐王听了便便调转车头返回宫中去了。即墨大夫因为这件事（雍门的司马劝谏齐王，齐王听从了他的劝谏），便认为齐王是值得与之共谋的，于是便进宫拜见齐王，说道：『齐国的土地有方圆数千里，戎装的大军也有数十万。赵、魏、韩三国的大夫们都不愿意亲近秦国为其谋利，而是在东阿、鄄城两地间聚集了数百十人。大王如果和赵、魏、韩三国联合起来的话，就相当于拥有了十万之众的兵力，就可以将三国被秦国占领的土地全都收复过来，还可以向秦国东边的临晋关进攻；楚国的大夫也不愿意为秦国效力，在我国南部的城南之下聚集了数百十人，大王如果和楚国联合的话，便等于又拥有了十万大军，可以将楚国被秦国占领的土地收复过来，还可以向秦国南边的武关进攻。这样一来，齐国强大的威势便可以建立起来了，还可以趁机将秦国灭掉。现在您却舍弃在南方称王的大好时机，而甘愿在西方听命于秦国，我认为大王您这么做的确是不可取的呀。』然而齐王没有听从他的建议。秦王派遣宾客陈驰将齐王引诱到了秦国，欺骗他说约定给他以五百里的土地。齐王没有采纳即墨大夫的良策，却轻信了陈驰的诱骗，于是他到了秦国以后，秦王就将他安置在了共邑，让他居住在荒僻的松柏之间，最终被活活地饿死。在这以前，齐国人便作了这么一首歌谣：『松树呀！柏树呀！导致齐王死在共邑的，正是那些善于权变狡诈的宾客啊！』

齐以淖君之乱

原文

齐以淖君之乱仇秦。其后秦欲取[1]齐，故使苏涓之楚，令任固之齐。齐明谓楚王曰：『秦王欲楚不若[2]其欲齐之甚也。其使涓来，以示齐之有楚，以资[3]固于齐。齐见楚，必受固。是王之听涓也，适为固驱以合齐、秦也。齐、秦合，非楚之利也。且夫涓来之辞，必非固之所以之齐之辞也。王不如令人以涓来之辞，谩固于齐[4]，齐、秦必不合。齐、秦不合，则王重[5]矣。王欲收齐以攻秦，汉中[6]可得也。王即欲以秦攻齐，淮、泗[7]之间亦可得也。』

注释

①取：争取。②不若：不如，比不上。③资：帮助。④谩固于齐：让齐国觉得他（任固）很轻慢从而不相信他。⑤重：受重视，地位得以提高。⑥汉中：楚国的属地。⑦淮、泗：淮北和泗水，齐国的属地。

译文

齐国因为淖齿杀死了闵王对秦国怀有仇视之意。后来，秦国想要将齐国争取过来，就派苏涓前往出使楚国。又派了任固前往齐国。齐明对楚王说道：『秦王想要争取楚国的愿望，还不如他想要争取到齐国的愿望更为迫切。秦国派苏涓来到楚国，是为了向齐国表示秦、楚两国关系之亲善，并用以帮助任固在齐国更好地开展活动。齐国看到秦、楚两国亲善的话，便一定会同意任固提出的要求，这样一来，大王如果同意了苏涓的要求，那就等于是在帮助任固去联合齐、秦。然而齐、秦两国的联合，却对楚国没有任何有利之处，而且苏涓来楚国所说的这一套，必定和任固去齐国所说的那一套是不一样的，大王您不如派人去齐国将苏涓来楚国所说的那一套重楚轻齐的话说出来，从而就能让齐国轻慢任固，并且不再相信他所说的话，这样一来，齐、秦两国必定不能够再联合了。齐、秦不能联合的话，就相当于是大王的地位也随之提高了。到那个时候，大王如果想联和齐国一起攻打秦国的话，那楚国被秦国夺去的汉中之地也就能够收回了；大王如果想联合秦国攻打齐国的话，齐国的淮北、泗水之间的土地也就可以为楚国您所有了。』

卷十四 楚策一

齐楚构难

原文

齐、楚构难①，宋请中立。齐急②宋，宋许之。子象为楚谓宋王曰：『楚以缓③失宋，将法齐之急也。齐以急得宋，后将常急矣。是从齐而攻楚，未必利也。齐战胜楚，势必危宋；不胜，是以弱宋干④强楚也。而令两万乘之国常以急求所欲，国必危矣。』

注释

①构难：交战。②急：胁迫。③缓：慢一步。④干：触犯，干犯。

译文

齐国和楚国交战，宋国请求保持中立。齐国胁迫宋国帮助自己，宋国只好同意。子象为楚国向宋王说道：『楚国因为没有去胁迫宋国，所以就失去了宋国的援助，看来楚国也需要效法齐国来胁迫宋国呀。齐国因为胁迫了宋国，所以就得到了宋国的援助，那它以后必将会经常来胁迫您。这样的话，宋国帮助齐国去进攻楚国的举措，对宋国未必会有利呀。如果齐国打败了楚国，必然也会危及到宋国；如果齐国没能打败楚国，就相当于是用弱小的宋国去干犯势力强大的楚国呀。如果齐国、楚国这两个万乘大国常常对宋国进行胁迫，以便于实现各自的愿望的话，那您的国家就必将处于危险的境地了。』

五国约以伐齐

原文

五国约以伐齐。昭阳谓楚王曰：『五国以破齐，秦必南[①]图。』楚王曰：『然则[②]奈何？』对曰：『韩氏辅国也，好利而恶难。好利，可营[③]也；恶难，可惧也。我厚赂之以[④]利，其心必营；我悉兵[⑤]以临之，其心必惧我。彼惧吾兵而营我利，五国之事必可败也。约绝[⑥]之后，虽[⑦]勿与地，可。』楚王曰：『善。』乃命大公事之韩，见公仲曰：『夫牛阑之事，马陵之难，亲王之所见[⑧]也，王苟[⑨]无以五国用兵，请[⑩]效列城五，请悉楚国之众也，以廧[⑪]于齐。』齐之反赵、魏之后，而楚果弗与地，则五国之事困也。

注释

①南：向南。②然则：既然这样。③营：诱惑。④以：用。⑤悉兵：大举发兵。⑥约绝：违背盟约。⑦虽：即使。⑧亲王之所见：应为『王所亲见之』。⑨苟：如果。⑩请：请允许我。⑪廧：阻挡。

译文

赵、魏、韩、燕，楚五国联和起来一同攻打齐国。楚国的相国昭阳对楚王说道：『如果五国打败了齐国，秦国必将会趁机向南去进攻楚国。』楚王说：『既然这样，该怎么办呢？』昭阳回答说：『韩珉现在在韩国担任相国，他这个人贪图私利并且害怕危难。他贪图私利，我们可以对其施以利诱；他害怕危难，我们可以对其施以威胁。我们以重利去拉拢诱惑他，他必将为利所诱；我们发动大军去胁迫他，他必将会感到害怕。他一方害怕我们大军的威胁，一方面又贪图我们的重利之诱，这样一来，五国联合起来攻打齐国的事情，必定会遭遇失败。他们将其盟约撕毁之后，即使我们不将土地割让给韩国，那也是行得通的。』楚王说：『这个主意很好。』于是他便派大公事前往韩国，拜见韩国的相国公仲，对他说：『当初的牛阑之役、马陵之役，您都是亲眼目睹了的，大王如果不和五国联合起来攻齐的话，我们情愿献出五个城邑给韩国，不然的话，我们将发动全部军队来和齐国为敌。』韩国和赵、魏解除盟约之后，楚国果然没有将城邑割给韩国，而五国联合起来攻打齐国的事情也就落了空。

荆宣王问群臣

原文

荆宣王问群臣曰：『吾闻北方之畏昭奚恤也，果诚何如？』群臣莫对。江一对曰：『虎求百兽而食之，得狐，狐曰：「子无敢食我也。天帝使我长①百兽，今子食我，是逆天帝命也。子以我为不信，吾为子先行，子随我后，观百兽之见我而敢不走②乎？」虎以为然，故遂与之行。兽见之皆走。虎不知兽畏己而走也，以为畏狐也。今王之地方③五千里，带甲④百万，而专属之昭奚恤。故北方之畏奚恤也，其实⑤畏王之甲兵也，犹百兽之畏虎也。』

注释

①长：为……的首领。②走：逃走。③地方：地，地方。方，方圆。④带甲：佩戴铠甲的士兵。⑤其实：事情的真相。

译文

楚宣王问群臣问道：『听说北方诸侯都非常害怕令尹昭奚恤，果然如此吗？』群臣中没有人回答，江乙便回答说：『从前，有一只老虎捕捉各种野兽来作为食物，捉到了一只狐狸，狐狸对老虎说道：「您是不敢吃我的，上天派我来做群兽的首领，如果你今天吃掉了我，那就违背了上天的旨意。如果你认为我说的话是假的话，那我就在前面走，你跟在我的身后，看一看群兽看到我以后，有哪个敢不仓皇逃跑的呢？」老虎听了以后信以为真，便和狐狸一同前行，群兽看到了它们，全都匆忙逃跑，老虎不知道群兽其实是因为害怕自己才逃跑的，反倒真的以为它们是害怕狐狸了。如今大王您的国土有方圆五千里之多，戎装的大军也有百万，然而却被昭奚恤将大权独揽。所以说，北方各国的诸侯之所以会害怕昭奚恤，实际上是害怕大王您的军队呀，这就如同群兽实际上是害怕老虎一样的呀。』

邯郸之难

原文

邯郸之难，昭奚恤谓楚王曰：『王不如无救赵，而以强魏；魏强，其割赵必深矣。赵不能听，则必坚守，是两弊[①]也。』景舍曰：『不然，昭奚恤不知也。夫魏之攻赵也，恐楚之攻其后。今不救赵，赵有亡形[②]，而魏无楚忧，是楚、魏共赵也。害必深矣！何以「两弊」也？且魏令兵以深割赵，赵见亡形，而有楚之不救己也，必与魏合而以谋楚。故王不如少出兵，以为赵援。赵恃楚劲，必与魏战，魏怒于赵之劲，而见楚救之不足畏也，必不释赵。赵、魏相弊，而齐、秦应楚则魏可破也。』楚因使景舍起兵救赵。邯郸拔[3]，楚取睢、濊之间。

注释

①两弊：指两败俱伤。②亡形：形势危亡。③拔：攻下。

译文

赵国的都城邯郸遭到了魏军的围困，楚令尹昭奚恤对楚王说道：『大王不如不援救赵国，而是出兵去援助魏国；那样的话，魏国的实力将会得以增强，它必将会让赵国多割让土地。但赵国是不可能听从魏国的要求的，必将会坚守自己的国土，这样的话，一个是强攻，一个是死守。赵、魏两国便会两败俱伤。』景舍说：『不是这样的呀，昭奚恤是不了解实际情况的。魏国想要进攻赵国，却又担心楚国会从后面攻击它。如果我们不援救赵国的话，赵国便会面临陷入危亡之势，而魏国却没有楚国攻打魏国的后顾之忧，这就相当于是楚、魏两国在共同攻打赵国，赵国需要割让的土地必将会更多了。为何说赵、魏将会「两败俱伤」？再说魏国又不用损伤兵力，便可以从赵国割得更多的土地，赵国出现了危亡之势，又因为楚国没有对它施以援助，它必定会去和魏国联合，一起去进攻楚国。因此，大王不如少量地出兵，但仍去援救赵国，赵国凭借楚国的援助，必将会和魏国对抗，而魏国对赵国力量的增强必将感到恼怒，又看出楚国的救助其实是不值得畏惧的，它便必定不会放松对赵国的攻打。赵国、魏国互相削弱了彼此的国力，齐、秦两国便可以趁着楚国帮助赵国，赵、魏两国互相攻战的时机去攻打魏国，那样的话，魏国必将会被打败。』于是楚王便派景舍带兵前去援救赵国。最终，赵国的国都邯郸被攻下了，楚国从中也得到了魏国的睢、濊两水之间的土地。

江尹欲恶昭奚恤于楚王

江尹欲恶昭奚恤于楚王，而力不能，故为梁山阳君请封[①]于楚。楚王曰：『诺。』昭奚恤曰：『山阳君无功于楚国，不当封。』江尹因得山阳君与之共恶昭奚恤。

注释

①封：封地。

译文

大臣江尹想在楚王面前诋毁楚国的令尹昭奚恤，可是自己的力量还不足以做到，所以他便为魏国在楚国的山阳君请求封地。楚王说：『可以呀。』昭奚恤反对说：『山阳君对楚国并没有什么功劳，不应当受封。』于是，江尹便得到了山阳君的支持（由于昭奚恤因反对封地之事得罪了山阳君），和他一同来诋毁昭奚恤。

江乙说于安陵君

江乙说于安陵君曰：『君无咫尺之地，骨肉之亲，处尊位，受厚禄，一国之众，见君莫不敛衽[①]而拜，抚委而服，何以也？』曰：『王过举[②]而已，不然，无以至此。』江乙曰：『以财交者，财尽而交绝；以色交者，华落而爱渝[③]。是以嬖女[④]不敝席[⑤]，宠臣不避轩[⑥]。今君擅[⑦]楚国之势，而无以深自结于王，窃为君危之。』安陵君曰：『然则奈何？』『愿君必请从死，以身为殉，如是必长得重于楚国。』曰：『谨受令。』三年而弗言。

注释

①敛衽：整理好衣服。②过举：过高地抬举。③渝：改变。④嬖女：貌美而地位低微的女子。⑤不敝席：不等席子被磨破。⑥不避轩：不等到车子用坏。⑦擅：依靠、凭借。

译文

江乙对安陵君劝告说：『您在楚国不曾拥有一点土地，也没有任何骨肉之亲，却得以身居高位，享受丰厚的俸禄，一国之内的民众看到您，没有谁不赶紧整理好衣服和帽子，恭敬地向您行礼的，这是什么缘故呢？』安陵君回答说：『这不过是因为楚王过高地提拔了我而已；不是这样的话，我是不会享有今天这些待遇的。』江乙说：『凭借金钱和他人结交的话，金钱用完以后，交情也就随之断绝了；凭借美色和别人交往的话，美色衰退以后，爱情也就随之改变了。所以说，爱妾床上的席子还不曾被磨破，就因为姿色衰退而遭受遗弃了；宠臣的马车还不曾用坏，就受到君王的罢黜了；您现在占有着楚国的权势，然而自己却并没有什么可以楚王结成深交的东西，我为您感到十分担忧呀。』安陵君说：『既然是这样，应该怎么办呢？』江乙说：『希望您一定要向楚王请求，要跟随他而死，用自己为其殉葬，这样的话，您必定能够在楚国受到长期的尊重。』安陵君说：『我将敬遵您的教诲。』然而一直过了三年，安陵君依旧没有对楚王表明什么。

江乙复见曰：『臣所为君道，至今未效①。君不用臣之计，臣请不敢复见矣。』安陵君曰：『不敢忘先生之言，未得间②也。』于是③，楚王游于云梦，结驷④千乘，旌旗蔽日，野火之起也若云，蜺兕虎嗥之声若雷霆，有狂兕牂车依轮而至，王亲引弓而射，壹发而殪⑤。王抽旃旄⑥而抑兕首，仰天而笑曰：『乐矣，今日之游也！寡人万岁千秋之后，谁与乐此矣？』安陵君泣数行而进曰：『臣入则编席⑦，出则陪乘。大王万岁千秋之后，愿得以身试黄泉，蓐⑧蝼蚁，又何如得此乐而乐之。』王大说⑨，乃封坛为安陵君。君子闻之曰：『江乙可谓善谋，安陵君可谓知时矣！』

注释

①效：施行。②间：有利的时机。③于是：在这个时候。④驷：四匹马所拉的车。⑤殪：死。⑥旃旄：牦牛尾所做的旗帜。⑦编席：同席而坐。⑧蓐：变成蓐草席（以抵御蝼蚁的侵扰）。⑨说：同『悦』，高兴。

译文

江乙又一次拜见安陵君，对他说：『我之前对您说的话，到现在您也没有将之实行，既然您不想采纳我的意见，我请求从此以后再也不来拜见您了。』安陵君说道：『我的确是不敢忘记先生给我的教诲呀，只是由于没有遇上好的时机啊！』在这个时候，楚王要去云、楚地区进行游猎，出游的队伍中，车马成群结队，络绎不绝，五色的旌旗遮蔽天日，熊熊野火燃烧起来，就像是天空的彩虹一样绚灿，阵阵老虎的咆哮之声，如同是雷霆。突然有一头犀牛像发了疯一样朝车轮直撞过来，楚王立刻拉开弓箭，一箭便将犀牛射死了。接着楚王又随手拔起了一根牦牛尾做的旗杆，用旗杆接住犀牛的头，仰天大笑说道：『今天的这次游猎，实在是太尽兴了！不知道在我百年之后，又能够和谁一同享受这种快乐呢？』此时安陵君便满面泪痕地上前对楚王说道：『在宫内我有幸和大王同席而坐，出游的时候又有幸和大王同车而行，大王您百年之后，我愿意跟随您而死，在黄泉下用自己的身体做大王的席垫，用来阻挡蝼蚁去侵扰您的安息，又有什么可以比这样更加快乐的呢！』楚王听了以后十分高兴，就正式举行仪式封他做安陵君。其他的君子听到这件事以后，说道：『江乙可真算得上是善于出谋划策的人，安陵君真算得上是善于利用时机的人呀。』

江乙为魏使于楚

原文

江乙为魏使于楚，谓楚王曰：『臣入竟①，闻楚之俗：不蔽②人之善，不言人之恶。诚有之乎？』

王曰：『诚有之。』江乙曰：『然则白公之乱得无遂③乎？诚如是，臣等之罪免矣。』楚王曰：『何也？』

江乙曰：『州侯相楚，贵甚矣而主断④，左右俱曰「无有」，如出一口矣。』

注释

①竟：通『境』，过境。②蔽：遮蔽、掩盖。③遂：得逞，成功。④主断：即独断专行。

译文

江乙以魏国使者的身份出使到楚国，对楚王说道：『我一进入道楚国的国境之内，就听说楚国

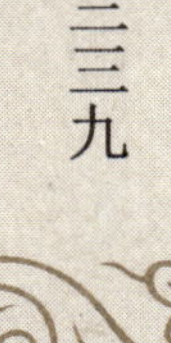

有这么一种习俗：不遮掩他人的优点，不揭露他人的缺点。事情果真是如此吗？』楚王说：『的确是有这样的事。』江乙说：『那样说来，白公作乱的事情就应该可以得以成功了吧？果真是这样的话，我们这些人的罪过也就可以被免掉了。』楚王说：『为什么呀？』江乙说：『州侯在担任楚国的相国的时候，身份极其尊贵，经常独断专行，左右近臣却又都说：「没有州侯独断专行这回事。」他们这么说的时候非常之一致，如同这话是出于一人之口一样。』

苏秦为赵合从说楚威王

原文

苏秦为赵合从，说楚威王曰：『楚，天下之强国也。大王，天下之贤王也。楚地西有黔中、巫郡[1]，东有夏州、海阳，南有洞庭、苍梧，北有汾陉[2]之塞、郇阳[3]。地方五千里，带甲百万，车千乘，骑万匹，粟支十年，此霸王之资也。夫以楚之强与大王之贤，天下莫能当[4]也。

注释

①巫郡：位于今四川巫山附近。②陉：陉山。③郇阳：位于今陕西旬阳一带。④当：通『挡』，抵挡。

译文

苏秦替赵国实行合纵，游说楚威王说：『楚国是天下的强国，大王是天下贤明的君主。楚国西面有黔中、巫都，东面有夏州、海阳，南面有洞庭、苍梧，北面有汾泾、郇阳。国土纵横千里，兵士百万，战车千辆，战马万匹，粮食可以支持十年，这是建立霸业王业的资本。凭着楚国的强大和大王的贤明，天下没有谁能匹敌。

原文

“今乃欲西面而事秦，则诸侯莫不南面而朝于章台[1]之下矣。秦之所害于天下莫如楚，楚强则秦弱，楚弱则秦强，此其势不两立。故为王至计，莫如从亲[2]以孤秦。大王不从亲，秦必起两军：一军出武关；一军下黔中。若此，则鄢、郢动矣。臣闻治之其未乱，为之其未有也；患至而后忧之，则无及已。故愿大王之早计之。

注释

①章台：位于今陕西西安。②从亲：合纵，与盟约国友善。从，通“纵”，合纵。

译文

“现在大王竟然想要向西服侍秦国，那么诸侯就没有不倒向西方到章台之下去朝拜秦王的了。秦国在诸侯中最害怕的莫过于楚国，楚国强大，秦国就衰弱，楚国衰弱，秦国就强大，这就是秦、楚势不两立。所以替大王着想，不如合纵，以便孤立秦国。大王如果不实行合纵，秦国一定会出动两支军队攻打楚国：一支军队从武关杀出，一支军队直下黔中，如果像这样的话，鄢、郢一带就不安定了。我听说，要在祸乱没有产生以前就做好准备，要在事情没有发生之前就处理妥当；祸乱临头，然后再去解决它，就来不及了。所以希望大王趁早考虑这个问题。

原文

“大王诚能听臣，臣请令山东之国[1]，奉四时之献，以承大王之明制，委社稷宗庙，练士厉兵，在大王之所用之。大王诚能听臣之愚计，则韩、魏、齐、燕、赵、卫之妙音美人，必充后宫矣。赵、代良马橐驼[2]，必实于外厩。故从合则楚王，横成则秦帝。今释霸王之业，而有事人[3]之名，臣窃为大王不取也。

注释

①山东之国：崤山以东的诸侯国。②橐驼：即骆驼。③事人：臣事别人。

译文

『大王如果能够听从我的意见，我愿意号召山东各国向您进献四时的贡品，接受大王圣明的指示，把国家宗庙委托给您，训练士兵，磨利兵器，任凭大王指挥调遣使用。大王如果真能采用我的计划，那么，韩、魏、齐、燕、赵、卫等国的歌妓美女一定会填满您的后宫；赵、代地区的好马、骆驼一定会充满您的畜圈。如果合纵联盟能够成功，楚国就能称王；而连横阵线能够得逞，秦国就能称帝。现在您放弃称霸的大业，甘愿承担服侍别人的丑名，我实在不赞成大王的这种做法。

原文

『夫秦，虎狼之国也，有吞天下之心。秦，天下之仇雠[1]也，横人皆欲割诸侯之地以事秦，此所谓养仇而奉雠者也。夫为人臣而割其主之地，以外交强虎狼之秦，以侵天下，卒[2]有秦患，不顾其祸。夫外挟强秦之威，以内劫其主，以求割地，大逆不忠，无过此者。

注释

①仇雠：仇敌。②卒：最终。

译文

『秦国是个像虎狼一样残暴的国家，有吞灭六国的野心。秦国是天下共同的仇敌，主张连横的人都想分割诸侯的土地来讨好秦国，这是奉养仇敌的做法。作为臣下却割让君主的土地，对外结交像虎狼一样残暴的秦国，从而侵吞天下，如果突然遭到秦国的侵犯，就不顾及这方面的祸患。在外倚仗秦国的强大声威，在内部威逼自己的君主，要求割让土地，背叛国家，不忠于君主，没有什么罪过比这更严重的了。

原文

『故从亲，则诸侯割地以事楚；横合，则楚割地以事秦。此两策者，相去远矣，有亿兆之数。两者大王何居焉[1]？故弊邑赵王，使臣效愚计，奉明约，在大王命之。』

注释

①两者大王何居焉：两者大王选择哪一个呢？

译文

『如果合纵相亲，那么各国将割让土地来侍奉楚国；而连横成功，楚国则将割让土地侍奉秦国。这两种策略相距很远，有亿兆之别。这两者，大王将选择哪一种呢？所以敝国派我来进献这不成熟的计策，送上盟约，听取大王的决策。』

原文

楚王曰：『寡人之国，西与秦接境，秦有举巴蜀、并汉中[1]之心。秦，虎狼之国，不可亲也。而韩、

魏迫于秦患，不可与深谋，恐反人以入于秦[2]，故谋未发而国已危矣。

注释

①举巴蜀、并汉中：攻占巴蜀兼并汉中。②恐反人以入于秦：恐怕他们反过来把楚国的计划透露给秦国。

译文

楚王说：『我们国家西面和秦国接界，秦国有攻占巴蜀兼并汉中的野心，秦国是像虎狼一样残暴的国家，不可以亲近。韩国和魏国经常遭受秦国的威胁，不能和他们共同谋划大事；如果和他们深入谋划大事，恐怕他们反倒把楚国的计划透露给秦国，这样，计划还没有实行，国家就已面临危险了。

原文

『寡人自料，以楚当秦，未见胜焉。内与群臣谋，不足恃也。寡人卧不安席，食不甘味，心摇摇如悬旌，而无所终薄[1]。今君欲一天下，安诸侯，存危国，寡人谨奉社稷以从。』

注释

①无所终薄：无所依托，没有可依靠的。

译文

『我自己估计，拿楚国去抵挡秦国，不一定能取胜；在朝廷里和大臣们商议，他们也不足以依赖。我躺在床上睡不安稳，吃东西也感觉不到甜美的滋味，心神不定，就像悬挂着的旗子随风飘动，终究无所依托。现在您想要统一天下，安定诸侯，拯救危国，我愿意把国家托付给您，听从您的安排。』

张仪为秦破从连横

原文

张仪为秦破从连横，说楚王曰：『秦地半天下，兵敌四国，被山带河，四塞以为固。虎贲之士[①]百余万，车千乘，骑万匹，粟如丘山。法令既明，士卒安难乐死。主严以明，将知以武。虽无出兵甲，席卷常山之险，折天下之脊，天下后服者先亡。且夫为从者，无以异于驱群羊而攻猛虎也。夫虎之与羊，不格[②]明矣。今大王不与猛虎而与群羊，窃以为大王之计过矣。

注释

①虎贲之士：指勇猛的兵士。②格：格斗，抗争。

译文

张仪为了秦国破坏合纵、建立连横阵线，游说楚王说：『秦国的地盘占了天下的一半，兵力足以抵挡四方的国家，有山环水绕的地理优势，四面都有险阻，可以坚守。勇猛的士兵上百万，战车千辆，战马万匹，粮食堆积成山。法令严明，士兵安于危难，乐于牺牲，君主威严而贤明，将帅聪慧而勇敢。只是不出兵罢了，一旦出兵就可以席卷中山的险隘，切断诸侯的要害之地，诸侯中最后服从的一定最先灭亡。再说搞合纵阵线的人，无异于驱赶羊群去进攻猛虎。猛虎和绵羊不用格斗，胜负大家都很明白。假如大王不依靠猛虎而亲近一群绵羊，我私下认为大王的主意错了。

原文

『凡天下强国，非秦而楚，非楚而秦。两国敌侔[①]交争，其势不两立。而大王不与秦，秦下甲兵，据宜阳，韩之上地不通；下河东，取成皋，韩必入臣于秦。韩入臣，魏则从风而动。秦攻楚之西，韩、魏攻其北，社稷岂得无危哉？且夫约从者，聚群弱而攻至强也。夫以弱攻强，不料敌而轻战，国贫而骤[②]举兵，此危亡之术也。

注释

①侔：相当。②骤：频繁。

译文

『大概天下的强国，不是秦国就是楚国，不是楚国就是秦国。两国势均力敌互相争斗，一定是势不两立。如果大王不亲附秦国，秦国出兵占领宜阳，韩国的上党就会被切断；秦国攻下河东，夺取成皋，韩国一定会投降，归顺秦国为臣。韩国归顺以后，魏国就会闻风而动。秦国攻打楚国的西面，韩、魏进攻楚国的北面，楚国怎么会不危险呢？再说组织合纵的人，聚集一些弱国去攻打极强的国家，以弱国攻打强国，不估量对方的力量而轻易交战，国家贫穷却频繁用兵，这是招致危亡的做法。

原文

『臣闻之，兵不如者，勿与挑战；粟不如者，勿与持久。夫从人者，饰辩虚辞[①]，高主之节行，言其利而不言其害，卒有楚祸，无及为已，是故愿大王之熟计之也。

注释

①饰辩虚辞：即是指说话夸夸其谈，花言巧语。

译文

"我听说，军队不如人家的强大，就不要挑起战争；粮食不如人家的多，就不要打持久战。鼓吹合纵的人，夸夸其谈，花言巧语，赞扬君主的操守品行，只说他们有利的一面，不讲他们不利的一面，一旦招来楚国的祸害，就来不及收拾了，因此希望大王认真地考虑这个问题。

原文

"秦西有巴蜀，方船[①]积粟，起于岷山[②]，循江而下，至郢三千余里。舫船[③]载卒，一舫载五十人，与三月之粮，下水而浮，一日行三百余里；里数虽多，不费马汗之劳。不至十日而距扞关，扞关惊，则从竟陵已东，尽城守矣，黔中、巫郡非王之有已。

注释

①方船：两条船并联在一起称为"方船"。②岷山：位于今四川省茂县西北方向。③舫船：即上文所说的"方船"。

译文

"秦国西面有巴郡、蜀郡，两船并行装运粮食，从岷山出发，沿长江而下，到达郢都三千多里。两船相并运送士兵，每船装载五十人和三个月的粮食，顺水而下，每天行驶三百多里，路程虽然长，然而不费牛马的力气，不用十天就能到达扞关；扞关吃紧，那么夷陵以东全都要筑城而守，黔中、

巫郡将不属大王所有了。

原文

『秦举甲出之武关，南面而攻，则北地[1]绝。秦兵之攻楚也，危难在三月之内，而楚恃[2]诸侯之救，在半岁之外，此其势不相及也。夫恃弱国之救，而忘强秦之祸，此臣之所以为大王之患也。且大王尝与吴人五战三胜而亡之，陈卒尽矣；有偏守新城而居民苦矣。臣闻之，攻大者易危，而民弊者怨于上。夫守易危之功，而逆强秦之心，臣窃为大王危之。

注释

①北地：楚地，指今河南信阳北部地区。②恃：依靠，依赖。

译文

『秦国发兵出武关，向南进攻，那么就和楚国北部边地断绝联系。秦军攻打楚国，危险期在三个月之内，而楚国等待诸侯救援，要半年以上，这肯定来不及。依靠弱国援救而忘记强秦的祸患，这是我替大王担忧的道理。再说，大王曾经和吴国交战，虽然五战三胜消灭了吴国，但阵地上的士兵都死光了，楚军又远守新夺取的城邑，而活着的百姓就苦了。我听说，进攻强大的国家易遭危险，百姓疲惫就怨恨君上。追求易遭危险的功业，而违背强秦的心意，我暗地里替大王感到危机。

原文

『且夫秦之所以不出甲于函谷关十五年以攻诸侯者，阴谋有吞天下之心也。楚尝与秦构难[1]，战于汉中。楚人不胜，通侯、执珪死者七十余人，遂亡汉中。楚王大怒，兴师袭秦，战于蓝田，又却。此所谓两虎相搏者也。夫秦、楚相弊[2]，而韩、魏以全制其后，计无过于此者矣，是故愿大王熟计之也。

注释

①构难：发生战难。②相弊：互相削弱。弊，疲弊。

译文

“再说秦国之所以十五年不曾出兵函谷关攻打各诸侯国，是因为他有吞并天下的野心，一直忙于暗中策划。楚国曾经和秦国在汉中交战，楚国失败，通侯、执珪中战死的就有七十多人，于是汉中失守。大王非常生气，又发兵攻击秦国，在蓝田交战，又被打败。这就是所说的两虎相斗。秦国、楚国互相削弱，而韩、魏两国却保存实力，趁机控制楚国的后方。没有比两虎相斗更错误的计策啦，所以希望大王仔细地考虑这个问题。

原文

“秦下兵攻卫、阳晋，必开扃天下之匈[1]，大王悉起兵以攻宋，不至数月而宋可举。举宋而东指，则泗上十二诸侯，尽王之有已。凡天下所信约从亲坚者苏秦，封为武安君而相燕，即阴[2]与燕王谋破齐共分其地。乃佯[3]有罪，出走入齐，齐王因受而相之。居二年而觉，齐王大怒，车裂苏秦于市。夫以一诈伪反覆之苏秦，而欲经营天下，混一诸侯，其不可成也亦明矣。

注释

①开扃天下之匈：指封锁诸侯的交通要道。扃，窗户，在此引申为关闭。卫、阳晋，是秦、齐、楚、晋彼此之间的交通要塞。②阴：暗中。③佯：假装。

译文

『秦国出兵攻打卫国的阳晋，必然卡住诸侯的交通要道，大王出动全部军队去攻打宋国，不要几个月宋国就可以攻下，攻下宋国然后一直向东，那么泗水流域各小诸侯国就会归大王所有了。天下信守合纵盟约坚定的人只有苏秦，他被封为武安君，在燕国做了相国以后，就暗中与燕王商议攻破齐国，瓜分其土地，于是假装得罪燕王，从燕国逃亡到齐国，齐王就收留了他，并且让他担任相国。过了两年才被发觉，齐王非常恼火，在街市上把苏秦五马分尸，靠一个欺诈虚伪的苏秦，就想在天下创业、统一各国，那不可能成功也是很明白的了。

原文

『今秦之与楚也，接境壤界，固形亲之国也。大王诚能听臣，臣请秦太子入质于楚，楚太子入质于秦，请以秦女为大王箕帚之妾，效万家之都，以为汤沐之邑，长为昆弟之国，终身无相攻击。臣以为计无便于此者[①]。故敝邑秦王，使使臣献书大王之从车下风，须[②]以决事。』

注释

①计无便于此者：指没有比这更好的计策了。②须：等待，等候。

译文

『现在秦国和楚国接境连界，本来就是国土相连的邻邦。大王如果能听取我的意见，我将让秦国太子来楚国做人质，楚国太子到秦国做人质，让秦王的女儿做侍奉大王的姬妾，进献居民万户的都邑作为大王的汤沐邑，两国长久地做兄弟邻邦，一辈子互不攻击。我认为没有比这更好的计策了。

所以敝国秦王派我来向大王递交盟书，我等待大王的答复。』

原文

楚王曰：『楚国僻陋，托[①]东海之上。寡人年幼，不习国家之长计。今上客幸教以明制，寡人闻之，敬以国从。』乃遣使车百乘，献骇鸡之犀、夜光之璧于秦王。

注释

①托：依托。

译文

楚王说：『楚国地处僻远之地，风俗粗野，寄居在东海之滨。我年纪很轻，不懂什么是国家长远之计。现在承蒙贵客的英明教导，我已领教，我国愿意听从您的主意。』于是派出百辆车子，向秦王进献骇鸡之犀和夜光之璧。

张仪相秦

原文

张仪相秦，谓昭睢曰：『楚无[①]鄢郢、汉中[②]，有所更得乎？』曰：『无有。』曰：『无昭过、陈轸[③]，有所更得乎？』曰：『无所更得。』张仪曰：『为仪谓楚王：「逐昭过、陈轸，请复鄢郢、汉中。」』昭睢归报楚王，楚王说[④]之。

注释

①无：失去。②鄢郢、汉中：楚国的两座很重要的城邑。③昭过、陈轸：楚国两位要臣。④说：通『悦』，高兴。

译文

张仪在秦国担任相国的时候，对楚国的谋臣昭雎说道：『楚国失去鄢郢、汉中以后，还会有象鄢郢、汉中那样丰美的城邑吗？』昭雎回答道：『不会再有了。』张仪又问道：『如果楚国失去了昭过、陈轸，还会再有象他们那样优秀的谋臣吗？』昭雎回答说：『不会再有了。』张仪说道：『请您为我向楚王说一下：「如果他将昭过、陈轸从楚国赶走的话，我可以让秦王将鄢郢、汉中两地再归还给你们楚国。」』昭雎回到楚国以后，就将这件事告诉了楚王，楚王听了以后为此很高兴。

原文

有人谓昭雎曰：『甚矣，楚王不察于争名者也。韩求相工陈籍而周不听，魏求相綦母恢而周不听，何以也？周：「是列县畜[1]我也。」今楚，万乘之强国也，大王、天下之贤主也。今仪曰逐君与陈轸，而王听之，是楚自行不如周，而仪重于韩、魏之王也。且仪之所行，有功名者秦也，所欲贵富者魏也。欲为攻于魏，必南[2]伐楚。故攻有道[3]，外绝其交，内逐其谋臣。陈轸夏人也，习[4]于三晋[5]之事，故逐之，则楚无谋臣矣。今君能用楚之众，故亦逐之，则楚众不用矣。此所谓内攻之者也，而王不知察。今君何不见[6]臣于王，请为王使齐交不绝。齐交不绝，仪闻之，其效鄢郢、汉中必缓矣。是昭雎之言不信也，王必薄之。』

注释

①畜：这里是指看待、对待。②南：向南。③有道：有方法。④习：熟悉。⑤三晋：韩、赵、魏三国。⑥见：使之见。

译文

有人对昭过说道：『楚王太不懂得怎样争得美好的声誉了。从前，韩国要求东周将工师藉任命为相国，东周没有同意；魏国也要求西周将綦母恢任命为相国，西周也没有同意，这是什么缘故呢？周君说：「这是他们将我当作一个县吏来看待的表现呀。」如今楚国是拥有万乘之车的强国，楚王又是天下贤明的君主。如果张仪要求大王将您和陈轸赶走，而大王又同意了张仪的话，那样一来，楚国就相当于是让自己变得还不如东周都不如了，而张仪则将会比韩、魏两国的国君还要尊贵呀。况且张仪这样做的原因，不过是为了给秦国立下功业，却又想从魏国那里获取到富贵。如果他们想要帮助魏国攻打其他诸侯的话，必将会向南去进攻楚国。而想要进攻的话就需要有一定的策略方法，对外要让对方和其盟国断交，对内则要想办法将对方的谋臣除掉。陈轸是夏地人，他对韩、赵、魏三国的政事非常熟悉，如果将他赶走的话，那楚国就没有谋臣了。如今您指挥着楚国的民众，如果把您也赶走的话，那就没有人可以管理指挥好楚国的民众了。这就是他们所谓内攻的战术呀，然而楚王并没有认识到这一点。您为何不推荐我去拜见楚王呢，我可以让楚、齐两国不至于绝交；只要楚、齐不绝交，张仪知道以后，就会拖延时间不将鄢郢和汉中献出。这样的话，昭雎所答应的秦国会将郢、汉中归还于楚国的话，楚王便不会相信了，而大王也就不会再将昭雎委以重用了。』

威王问于莫敖子华

威王问于莫敖子华①曰：『自从先君文王以至不穀②之身，亦有不为爵劝，不为禄勉，以忧社稷者乎？』莫敖子华对曰：『如华不足知之矣。』王曰：『不于大夫，无所闻之。』莫敖子华对曰：『君王将何问者也？彼有廉其爵，贫其身，以忧社稷者；有崇其爵，丰其禄，以忧社稷者；有断脰③决腹，一瞑④而万世不视，不知所益，以忧社稷者；有劳其身，愁其志，以忧社稷者；亦有不为爵劝，不为禄勉，以忧社稷者。』

注释

①莫敖子华：楚国的大臣。莫敖，官职名；子华，人名。②不穀：古时君王对自己的谦称。③脰：脖子，颈。④瞑：闭眼。

译文

楚威王问大臣子华道：『从先王文王到我这一代，是否还有不是因为爵位而劝谏，不是因为俸禄而勉励，而只是忧虑国家社稷的大臣吗？』子华回答说：『像我这样的人还不足以知道此事。』威王说：『我要不从你这得知的话，我就无从得知了。』子华回答说：『大王您问的究竟是哪类臣子呢？有十分清廉的官员，安于贫困，而担心国家社稷的；有为了使其爵位显赫，使俸禄能够丰厚，而担心国家社稷的；有愿意砍头剖腹，视死如归，不考虑自己的利益，而只为国家社稷而忧心的；有身体疲惫，苦其心志，而为国家社稷忧心的；还有不是因为爵位而劝谏，不是因为俸禄而勉励，而为国家社稷忧虑的。』

原文

王曰：『大夫此言将何谓也？』莫敖子华对曰：『昔令尹子文[①]，缁帛之衣[②]以朝，鹿裘以处；未明而立于朝，日晦而归食；朝不谋夕，无一日之积。故彼廉其爵，贫其身，以忧社稷者，令尹子文是也。

注释

①令尹子文：楚成王时的臣子。令尹，为官职名；子文，人名。②缁帛之衣：黑色的丝制类衣服。

译文

威王问：『子华你此话都是指的谁呢？』子华回答说：『昔日令尹子文，穿着素朴的黑色丝制衣服上朝，在家闲处的时候就只穿着粗糙的鹿皮衣。天还没有亮他就已经站在朝廷那儿了；天色黑得都看不清了才回去吃饭。吃了早饭就没晚饭，连一天的口粮都没有积存下来。所以，我所说为官清廉，安于贫困，而只忧心国家社稷的就是令尹子文。

原文

『昔者叶公子高[①]，身获于表薄[②]，而财[③]于柱国；定白公之祸，宁楚国之事；恢先君以掩方城之外，四封不侵，名不挫于诸侯。当此之时也，天下莫敢以兵南乡。叶公子高食田六百畛[④]。故彼崇其爵，丰其禄，以忧社稷者，叶公子高是也。

注释

①叶公子高：即沈诸梁，子高是他的字。②表薄：指偏僻的野草丛生的地方。③财：通『才』，才能，

楚白贞姬

白公就是白公胜，他是楚平王废太子建的儿子，后来在楚国发动叛乱失败而死。白公胜死后，守寡纺织，谢绝了吴王婚聘，吴王称其为『贞姬』。

才干。④畛：古时的土地丈量单位，一畛相当于一千亩。

译文

『往昔叶公子高，出生于偏僻之所，但是却有柱国之才；平定了白公的祸乱，宁息了楚国的战事，拓展了先君的土地，一直打到方城之外，四面的诸侯没人敢来侵犯，楚王的威名不会在诸侯中有所损伤。那时，天下诸侯没有谁敢发兵南侵，叶公子高得到了六百畛的封地，因此我所说的为了使其爵位显赫，使俸禄能够丰厚，而担心国家社稷的，是指叶公子高。

原文

『昔者吴与楚战于柏举①，两御之间夫卒交。莫敖大心②抚其御之手，顾而大息曰：「嗟乎！子乎！楚国亡之月至矣！吾将深入吴军，若扑一人，若捽一人，以与大心者也，社稷其为庶几乎！」故断脰决腹，壹瞑而万世不视，不知所益，以忧社稷者，莫敖大心是也。

注释

①柏举：位于今天湖北麻城一带。②莫敖大心：人名，楚国的大臣。

译文

『昔日吴国和楚国在柏举作战，双方之间只有两辆战车的距离，士卒们已经短兵相接了。莫敖大心抚摸着战车车夫的手，看着他们叹息说：「唉！哎呀！楚国灭亡的时候已经到了，我准备深入吴军，如果能打倒一个敌人，如果能抓住一个敌人，用他们的命换我的命，这样楚国应该不至于灭亡啊！」因此我所说的愿意砍头剖腹，视死如归，不考虑自己的利益，而只为国家社稷而忧心的人，指的就是莫敖大心。

『昔吴与楚战于柏举，三战入郢，寡君身出，大夫悉属，百姓离散。棼冒勃苏①曰：「吾被坚执锐，赴强敌而死，此犹一卒也，不若奔诸侯。」于是赢粮潜行，上峥山，逾深谿，蹠②穿膝暴，七日而薄③秦王之朝，雀立不转，昼吟宵哭，七日不得告，水浆无入口，瘨而殚闷，旄④不知人。秦王闻而走之，冠带不相及，左奉其首，右濡其口，勃苏乃苏。秦王身问之：「子孰谁也？」棼冒勃苏对曰：「臣非异，楚使新造盩棼冒勃苏。吴与楚战于柏举，三战入郢，寡君身出，大夫悉属，百姓离散。使下臣来告亡，且求救。」秦王顾令，不起。「寡人闻之，万乘之君得罪于士，社稷其危，今此之谓也。」

注释

①棼冒勃苏：即申包胥。棼冒，姓氏；勃苏，人名。②蹠：脚掌。③薄：接近，到达。④旄：丧失知觉。

译文

「昔日吴国和楚国在柏举作战，吴军攻取了三次，就攻入了楚国的都城，楚王逃走了，大夫们也都相跟随而去，百姓互相离散，棼冒勃苏说：『倘若我身披战甲，手执锐利的武器，与强敌交战而死，这也仅仅是一个普通兵卒，不如向其他诸侯奔走求救。』于是棼冒勃苏就背着干粮偷偷走了，翻越高山，跋涉深水溪谷，脚掌都磨烂了，膝盖也破了，走了七天终于到达秦王的朝廷，向雀鸟一样立在那不走，日夜哭泣，七天了也未能禀告秦王，他滴水未进，头昏眼花最终晕倒了，人事不知。秦王听说后赶紧跑到他那儿去，帽子和衣带都没有系，左手扶着他的头，右手给他灌水喝，这样勃苏才苏醒了过来，秦王亲自问话：『你是谁啊？』勃苏答道：『我不是别人，正是楚王差遣而来的刚刚犯了罪的使者苏冒勃苏。吴国和楚国在柏举打仗，吴国攻打了三次，就攻入了楚都郢，国君逃亡在外，大夫们也都跟随而去，百姓相互离散。因此楚王特差遣我来向秦王您报告楚国将要灭亡了，并且请求您能够援救楚国。』秦王回头看了看他，让他起来，棼冒勃苏却不起。秦王说：『我曾听闻，拥有万乘战车的君王，倘若得罪了志士，社稷就会有危机，现在棼冒勃苏就是这样的志士啊。』

原文

『遂出革车千乘，卒万人，属①之子满与子虎，下塞②以东，与吴人战于浊水而大败之，亦闻于遂浦。菸劳其身，愁其思，以忧社稷者，棼冒勃苏是也。

注释

①属：通『嘱』，嘱托，交代。②塞：边塞，边关。

伍子胥一战入郢

伍子胥一家受楚平王陷害，家破人亡。伍子胥逃亡到吴国后，得到吴王阖闾的重用，最终带领吴兵攻入楚国，报了家仇。此图表现的就是这一事件。

译文

『于是秦王就派出上千辆战车，上万人士兵，把此事交代给子满和子虎，出了边关之后，就向东逼进，和吴军在浊水大战，并大破吴军，还曾听闻后来又在遂浦交战。因此我所说的有身体疲惫，苦其心志，而为国家社稷忧心的人，指的就是棼冒勃苏。

原文

『吴与楚战于柏举，三战入郢，君王身出，大夫悉属，百姓离散。蒙穀①结斗于宫唐之上，舍斗奔郢，曰：「若有孤，楚国社稷其庶几乎！」遂入大宫，负鸡次之典②，以浮于江，逃于云梦之中。昭王反郢，五官失法，百姓昏乱；蒙穀献典，五官得法，而百姓大治。此蒙穀之功多，与存国相若，封之执圭，田六百畛。蒙穀怒曰：「穀非人臣，社稷之臣，苟社稷血食③，余岂悉无君乎？」遂自弃于磨山之中，至今无胄。故不为爵劝，不为禄勉，以忧社稷者，蒙穀是也。』

注释

①蒙穀：楚将。②鸡次之典：指记载法律的大典。③血食：古时要杀牲畜祭祀社稷之神。这里指国家没有灭亡。

译文

『昔日吴国和楚国在柏举作战，吴军攻取了三次，就攻入了楚国的都城，楚王逃走了，大夫们也都相跟随而去，百姓互相离散，楚将蒙穀在宫唐之地遭遇吴军并交战，后来蒙穀就逃离战斗奔回楚都郢，说：「倘若还有楚王的孤子的话，楚国社稷也许能免遭灭亡。」于是就进入大宫，背着法律大典，顺江漂浮而去，逃到了云梦之地。后来楚昭王又回到楚都郢，但是官员们办事没有法典可以依循，百姓混乱；直到蒙穀献出法典，官员们才有了法典可以依循，百姓也得到很好的治理。蒙穀的功劳之大，可以和保存楚国相匹敌，因此楚王封他为执圭，赐予他封田六百畛。蒙穀却很愤怒地说：「我不是大王的臣子，而是国家社稷的臣子，倘若国家没有灭亡，我又怎么会担心没有君王？」于是他到磨山之中隐居，一直到现在也没有爵位。因此我所说的不是因为爵位而劝谏，不是因为俸禄而勉励，而为国家社稷忧虑的人，是指蒙穀啊！』

原文

王乃大息曰：『此古之人也，今之人焉能有之耶？』莫敖子华对曰：『昔者先君灵王好小要，楚士约食，冯[①]而能立，式而能起。食之可欲，忍而不入；死之可恶，然而不避。华闻之：「其君好发者，其臣抉拾[②]。」君王直不好，若君王诚好贤，此五臣者，皆可得而致之。』

注释

①冯：通『凭』，指凭借。②抉拾：古时射箭的工具。

译文

楚王于是就叹息道：『这些都是古代的人，现在的人哪里还会有这样的呢？』莫敖子华回答说：『以前先君楚灵王喜欢腰细的人，于是楚国人就节食，以致身体弱得要扶着东西才能站稳，扶着东西才能站起来，吃东西是人原本的欲望，可是却忍着饥饿不吃东西，死亡是人所厌恶的，可是却不想办法逃避。我还听说：「如果一个国家的国君喜欢射箭的话，这个国家的大臣们也会努力学习射箭。」大王您现在只是不喜欢贤士，倘若君王您真的喜欢贤士的话，这五种贤士，都可以得到并来到您面前。』

卷十五　楚策二

四国伐楚

原文

四国[1]伐楚，楚令昭雎将以距[2]秦。楚王欲击秦，昭侯不欲。桓臧为昭雎谓楚王曰：『雎战胜，三国恶楚之强也，恐秦之变而听楚也，必深攻楚以劲[3]秦。秦王怒于战不胜，必悉起而击楚，是王与秦相罢[4]，而以利三国也。战不胜秦，秦进兵而攻。不如益[5]昭雎之兵，令之示秦必战。秦王恶[6]与楚相弊而令天下，秦可以少割而收[7]害也。秦、楚之合，而燕、赵、魏不敢不听，三国可定也。』

注释

①四国：秦、燕、赵、魏四国。②距：通『拒』，抗拒。③劲：加强。④罢：通『惫』，疲惫。⑤益：增加。⑥恶：害怕。⑦收：结束。

译文

秦、燕、赵、魏四国联合起来一同进攻楚国，楚王派昭雎率兵以抵抗秦军。楚王想要兴兵去出击秦军，昭雎却没有同意。桓臧便替昭雎对楚王说道：『如果昭雎战胜了秦国，燕、赵、魏三国将会忌恨楚国的强大，同时又会惧怕秦国改变主意和楚国联合，他们必定会加紧步伐去进攻楚国，以增强秦国的力量，秦国会因为战败而激愤，便会将全国的兵力全都发动起来去进攻楚国；这样的话，秦、楚两国就会因争战不已而互相削弱，从而会让燕、赵、魏三国坐享渔翁之利。如果秦国战争了楚国的话，它就会乘胜加快步伐去进攻楚国。大王不如增加昭雎的兵力，以此对秦国表明，楚国是想要和秦国决战到底的。秦国将会因为害怕和楚国互相削弱，而让三国从中得利，那样的话，楚国就可以少割地而依然可以和秦国联合了。秦、楚两国一旦联合起来，燕、赵、魏三国就不敢不听从楚国的命令了，这样一来，三国就会休兵而不再去攻打楚国了。』

楚怀王拘张仪

原文

楚怀王拘张仪①，将欲杀之。靳尚②为仪谓楚王曰：『拘张仪，秦王必怒。天下见楚之无秦③也，楚必轻矣。』又谓王之幸夫人郑袖④曰：『子亦自知且贱于王⑤乎？』郑袖曰：『何也？』尚曰：『张仪者，秦王之忠信有功臣也。今楚拘之，秦王欲出之。秦王有爱女而美，又简择⑥宫中佳丽好玩习音者，以欢从之；资之金玉宝器，奉以上庸⑦六县为汤沐邑，欲因张仪内之楚王。楚王必爱，秦女依强秦以为重，挟宝地以为资，势为王妻以临于楚。王惑于虞⑧乐，必厚尊敬亲爱之而忘子，子益贱而日疏矣。』郑袖曰：『愿委之于公，为之奈何？』曰：『子何不急言王，出张子。张子得出，德子无已时，秦女必不来，而秦必重子。子内擅楚之贵，外结秦之交，畜⑨张子以为用，子之子孙必为楚太子矣，此非布衣之利也。』郑袖遽说楚王出张子。

注释

①楚怀王拘张仪：张仪曾以赠给六百里土地于楚国为诱饵游说怀王与齐国绝交，但是楚与齐绝交后，张仪却声称割地是六里，于是怀王大怒攻秦，又遭受大败。因此张仪再次出使楚国，怀王才会拘禁

他。②靳尚：楚怀王的宠幸之臣，和张仪关系亲近。③楚之无秦：楚国丧失了秦国的邦交。④郑袖：楚怀王宠幸的妃子。⑤且贱于王：指将被大王所轻视，即失宠于怀王。⑥简择：挑选。⑦上庸：秦国地名，位于今湖北的竹山一带。⑧虞：通『娱』，娱乐。⑨畜：畜养，收留。

译文

楚怀王把秦国的说客张仪给拘禁了，打算把他给杀了。佞臣靳尚就替张仪游说怀王道：『拘禁了张仪，秦王一定会十分愤怒。天下的诸侯们知道楚国没有了秦国的友好邦交，楚国就会被人所轻视。』之后靳尚又对怀王所宠幸的妃子郑袖说道：『你自己知不知道你马上要失宠于怀王了？』郑袖问：『这是为何？』靳尚回答道：『张仪，是非常忠诚于秦王的大臣，并且对秦国有功，如今楚王却把他给拘禁了，秦王想要让楚王放了张仪。秦王有个宠爱的很漂亮的女儿，为了使她高兴，秦王还挑选了宫中既美丽又精通音乐的宫女来陪嫁；并且还送给她很多金玉宝器，把秦国的上庸六县赠与她，以此来为她提供享乐的费用，想要通过张仪把她嫁给君王为妻。楚王一定会很喜爱她，秦王的女儿又有强秦来依靠，必然会被重视，还有珠宝土地这么多资本，必然会成为楚王的妻子而君临楚国。楚王就会沉迷于娱乐，一定会更加敬重宠爱她，而把你给忘了。你会一天比一天更为轻贱，被忽视。』郑袖说：『我愿意将此事委托给您，我该怎么办呢？』靳尚说：『您为何不马上劝谏君王，把张仪给放了。倘若张仪能被放了，肯定会十分感激您的恩德，秦王的女儿肯定也就不会来了，此外秦国也一定会很尊重您。您在楚国国内享有尊贵的地位，对外又与秦国结交，有张仪任您驱使。您的子孙一定会成为楚国的太子，这可不是普通的好处啊。』于是郑袖赶紧去游说楚怀王把张仪给放了。

巫山神女

战国时楚怀王游高唐，梦与女神相遇，女神自荐枕席，后宋玉陪侍襄王游云梦时，作《高唐赋》与《神女赋》追述其事。

楚王将出张子

原文

楚王将出张子①，恐其败己也，靳尚谓楚王曰：『臣请随之。仪事王不善，臣请杀之。』楚小臣，靳尚之仇也，谓张旄②曰：『以张仪之知，而有秦、楚之用，君必穷矣。君不如使人微要③靳尚而刺之，楚王必大怒仪也。彼仪穷，则子重矣。楚、秦相难④，则魏无患矣。』张旄果令人要靳尚刺之。楚王大怒，秦构兵而战。秦、楚争事魏，张旄果大重。

注释

①将出张子：将要释放张仪。张子，即指张仪。②张旄：为魏国的大臣。③微要：偷偷地拦截。微，偷偷地，私下。④相难：相互发生战难。

译文

楚怀王准备释放张仪，又担心他欺骗自己。靳尚对楚怀王说：『请让我跟着张仪。如果他不好好侍奉大王，我就把他杀了。』楚王有个近侍之臣是靳尚的仇人。他对魏国大臣张旄说：『凭着张仪的智慧，秦、楚两国都要利用他，那么你一定会不得志了。你不如派人暗中拦截靳尚把他杀了，大王一定特别怨恨张仪。张仪陷入困境，那么你就得势了。楚、秦发生武装冲突，那么魏国就没有后患了。』张旄果真派人拦截靳尚把他杀了。楚王非常气愤，于是秦、楚两国打了起来。秦国和楚国争相讨好魏国，张旄果真受到重用。

秦败楚汉中

原文

秦败楚汉中。楚王入秦，秦王留①之。游腾为楚谓秦王曰：『王挟楚王而与天下攻楚，则伤行②矣；不与天下共攻之，则失利矣。王不如与之盟③而归之。楚王畏，必不敢倍④盟；王因与三国攻之，义⑤也。』

注释

①留：扣留。②伤行：不义之行。③盟：结盟。④倍：通『背』，违背。⑤义：合乎道义。

译文

秦国在汉中打败了楚军。楚王前往秦国，秦王将其扣留起来。楚臣游腾为楚国向秦王说道：『大王您挟持了楚王，又和齐、魏、韩三国一起去攻打楚国，这种行为可是不义之行呀；然而，如果您不和三国一起去进攻楚国的话，军事上又会失利。不如您和楚国结盟，将楚王回放回楚国吧。楚王害怕秦国，必将不敢违背盟约；如果他违背盟约的话，大王再和三国一起去攻打楚国，这样的话就可以合乎道义、名正言顺了。』

楚襄王为太子之时

原文

楚襄王为太子之时，质于齐[①]。怀王薨[②]，太子辞于齐王而归。齐王隘[③]之：『予我东地五百里，乃归子。子不予我，不得归。』太子曰：『臣有傅[④]，请追而问傅。』傅慎子曰：『献之地，所以为身也。爱地不送死父，不义。臣故曰，献之便。』太子入，致命齐王曰：『敬献地五百里。』齐王归楚太子。

注释

①质于齐：在齐国作为人质。②薨：古代诸侯或大官的死称为薨。③隘：阻拦，阻挡。④傅：指太子的老师。

译文

楚襄王做太子的时候，曾在齐国做人质。楚怀王死了，太子就向齐闵王告辞，想回楚国去。齐闵王阻止他，说：『你割让楚国淮北靠近齐国的土地五百里给我，我才同意你回去；你不给我割地，就不放你回去。』太子说：『我有个师傅，让我去问问他。』太子的师傅慎子说：『给齐国割让土地，能保全你自己；舍不得土地就不能回国为你父亲送葬，这是不道义。所以我说还是割让土地有利。』太子入朝，回报齐闵王说：『我愿意敬献五百里土地。』齐闵王这才放太子回国。

原文

太子归，即位为王。齐使车五十乘，来取东地于楚。楚王告慎子曰：『齐使来求东地，为之奈何？』慎子曰：『王明日朝群臣，皆令献其计。』上柱国子良[①]入见。王曰：『寡人之得求反[②]，王[③]坟墓、

复群臣、归社稷也，以东地五百里许齐。齐令使来求地，为之奈何？』

注释

①上柱国子良：上柱国，官职名；子良，楚国臣子。②反：通『返』，返回。③王：一说应为主，主持之意。

译文

太子回到楚国，即位做了楚王。齐国派了使车五十辆，来向楚国索取东地。楚王告诉慎子说：『齐国使者来索要东地。这该怎么办呢？』慎子说：『大王明天召见群臣，让他们都说说自己的看法。』第二天，上柱国子良来拜见楚王。楚王说：『我能够回到楚国来，主持先王的祭祀，使群臣各归其位，国家不致灭亡，是因为我答应给齐国割让东地五百里。现在齐国派使臣来索要土地，这可怎么办呢？』

原文

子良曰：『王不可不与也。王身出玉声，许强万乘之齐而不与，则不信，后不可以约结诸侯。请与而复攻之。与之信，攻之武。臣故曰与之。』子良出，昭常[①]入见。王曰：『齐使来求东地五百里，为之奈何？』昭常曰：『不可与也。万乘者，以地大为万乘。今去东地五百里，是去战国之半也，有万乘之号而无千乘之用也，不可。臣故曰勿与。常请守之。』

注释

①昭常：楚国臣子。

译文

子良说：『大王不能不给齐国封地。大王口出玉言，亲口答应了万乘之强齐，如果不兑现，那就是不讲信用，以后就没办法和诸侯打交道了。请先给齐国割地，然后再出兵攻打齐国。给齐国割地，表示守信用；攻打它，表示不示弱。所以我认为还是割地给齐国。』子良出来以后，昭常进来拜见楚王。楚王说：『齐国使者来索取东地五百里，该怎么办呢？』昭常说：『不能给他。万乘大国，是因为土地广阔才成为万乘大国的。如果割去东地五百里，这就割掉了国家的一半啊，这样楚国虽然有万乘大国的名号，却没有千乘之国的实际，这样做不行。所以我说不能给齐国割地。我愿意守卫东地。』

原文

昭常出，景鲤[1]入见。王曰：『齐使来求东地五百里，为之奈何？』景鲤曰：『不可与也。虽然，楚不能独守。王身出玉声，许万乘之强齐也而不与，负不义于天下。楚亦不能独守。臣请西索救[2]于秦。』景鲤出，慎子入，王以三大夫计告慎子曰：『子良见寡人曰：「不可不与也，与而复攻之。」常见寡人曰：「不可与也，常请守之。」鲤见寡人曰：「不可与也，虽然楚不能独守也，臣请索救于秦。」寡人谁用于三子之计？』

注释

①景鲤：楚国臣子。②索救：寻求救助。

译文

昭常出来以后，景鲤进去拜见楚王。楚王说：『齐国使者来索取东地五百里，对此怎么办呢？』

景鲤说：『不能给他。虽然如此，但是楚国不能单凭自己的力量守住东地。大王口出玉言，亲口答应了万乘之强齐却不给，在天下人面前背上了不讲信用的罪名，我愿意往西到秦国去请求支援。』景鲤出来以后，慎子又进去，楚王把三个大夫的主意都告诉了慎子，说：『子良对我说：「不能不给齐国割地，给了以后再进攻它。」昭常对我说：「不能给齐国割地，我愿意守卫东地。」景鲤对我说：「不能给齐国割地，虽然如此，但是楚国不能独自守卫东地，我愿意到秦国去请求救兵。」我不知道对他们三个人的意见该采取谁的好？』

原文

慎子对曰：『王皆用之。』王怫然[①]作色曰：『何谓也？』慎子曰：『臣请效其说，而王且见其诚然也。王发上柱国子良车五十乘，而北献地五百里于齐。发子良之明日[②]，遣昭常为大司马，令往守东地。遣昭常之明日，遣景鲤车五十乘，西索救于秦。』王曰：『善。』乃遣子良北献地于齐。遣子良之明日，立昭常为大司马，使守东地。又遣景鲤西索救于秦。

注释

①怫然：指生气的样子。②明日：第二天。

译文

慎子回答说：『大王对他们三个人的主意全部采纳。』楚王满脸不高兴地说：『你这是什么意思？』慎子说：『请让我说说我的想法，然后大王就会知道事情确需如此。大王派遣上柱国子良带领五十辆兵车，往北到齐国去进献东地五百里；派遣子良的第二天，再任命昭常为大司马，让他去守卫东地；派遣昭常的第二天，再派景鲤带领五十辆车，往西到秦国去请求救兵。』楚王说：『好。』于是派子良往北到齐国去献地。派遣子良的第二天，又任命昭常为大司马，让他去守卫东地，又派遣景鲤往西到秦国去请求救兵。

原文

子良至齐，齐使人以甲受东地。昭常应齐使曰：『我典主①东地，且与死生。悉五尺至六十②，三十余万弊甲钝兵，愿承下尘。』齐王谓子良曰：『大夫来献地，今常守之何如？』子良曰：『臣身受命弊邑之王，是常矫也。王攻之。』

注释

①典主：管理。②五尺至六十：从儿童到六十岁的老人。

译文

子良到了齐国，齐国派甲兵来接收东地。昭常回答齐国使者说：『我主管东地，将与东地共存亡。我已征召从儿童到六十岁的老人全部从军，共三十多万人，虽然我们的铠甲破旧，兵器鲁钝，但是愿意奉陪。』齐闵王对子良说：『您来献地，昭常却在那里守卫，这是怎么回事！』子良说：『我是亲自从敝国君王那里接受的命令，昭常守卫东地，是他假传王命。大王去攻打他。』

原文

齐王大兴兵，攻东地，伐昭常。未涉疆，秦以五十万临①齐右壤。曰：『夫隘楚太子弗出，不仁；又欲夺之东地五百里，不义。其缩甲②则可，不然，则愿待战。』齐王恐焉。乃请子良南道楚，西使秦，

解齐患。士卒不用，东地复全。

注释

①临：逼进。②缩甲：退兵。

译文

齐闵王大举出兵，进攻东地，讨伐昭常。齐军还没有进入东地疆界，秦国就派出五十万大军进攻齐国西部地区。理由是：『阻止楚太子不让他回国，这样做不仁；又想掠夺楚国东地五百里，这样做不义。你们如果收兵便罢，不然的话，我们就准备决一死战。』齐闵王很害怕，于是就请求子良返回楚国，往西出使秦国，去解除齐国的祸患。楚国没有使用一兵一卒，竟然留住了东地。

苏子谓楚王

原文

苏子谓楚王曰：『仁人之于民也，爱之以心，事之以善言；孝子之于亲也，爱之以心，事之以财；忠臣之于君也，必进贤人以辅之。今王之大臣父兄，好伤贤以为资[①]，厚赋敛诸臣、百姓，使王见[②]疾于民，非忠臣也；大臣播王之过于百姓，多赂诸侯以王之地，是故退王之所爱，亦非忠臣也，是以国危。臣愿无听群臣之相恶也，慎大臣、父兄，用民之所善，节身之嗜欲，以百姓。人臣莫难于无妒而进贤。为主死易，垂沙之事，死者以千数。为主辱易，自令尹以下，事王者以千数。至于无妒而进贤，未见一人也。故明主之察其臣也，必知其无妒而进贤也。贤之事其主也，亦必无妒而进贤。夫进贤之难者，贤者用，且使己废[③]；贵，且使己贱，故人难之。』

注释

①资：资本。②见：被。③废：废弃不用，这里是说不再得以重用。

译文

苏秦对楚王说道：『那些有仁爱之心的人，对待人民，是在用真心去爱他们，用好话去安慰他们；孝子对待自己的父母双亲，是在用真心去爱他们，用钱物去供养他们；忠臣对待自己的国君，必定要荐举贤能之士去辅助他。如今大王您的宗族、亲戚们，却喜欢毁谤那些贤能的人，以此作为自己进身的资本，加重对下面的臣子、百姓们所征收的赋税，导致国君您遭受人民的怨恨，这样的

人不是忠臣啊；大臣们将国君的错误在民众中宣扬，将您的土地肆意封赠给诸侯，因此导致那些真心爱戴大王的人被迫离开，这样的人也不是忠臣啊。这样的话，国家就将出现危险。我希望您不要听信大臣们那些互相攻讦之辞，任用大臣和贵戚时一定要谨慎，要根据民众的喜好去制定施政方针，将自己的嗜好和欲望有所节制，并将国家所得的用到人民所需要的地方去。身为臣子，最难做到的事情就是，自己没有忌妒贤能之心并且有能荐举贤才。做到为国君献身是很容易的，就像是垂沙那场战役，死的人多以千计。屈居于国君之下，也很容易做到，这就像自今尹以下，为大王服役的人也多以千计。至于那些既无忌妒之心又能够荐举贤才的，却没有一个人呀。因此说，英明的国君考察其臣子的时候，必须要明了他们是否存在忌妒之心，是否能够荐举贤才。那些贤能之士在侍奉国君的时候，也必须做到既无忌妒之心，又可以荐举贤才。之所以说要做到推荐贤才很难，是因为一旦举荐的那些贤能之士得以任用，自己就有被遗弃不得重用的危险，那些贤能的人地位尊贵了以后，自己就会变得地位卑贱。所以，人们是很难以做到这样的呀。』

楚王逐张仪于魏

原文

楚王逐张仪于魏。陈轸曰：『王何逐张子？』曰：『为臣不忠不信。』曰：『不忠，王无以为①臣；不信，王勿与为约②。且魏臣不忠不信，于王何伤？忠且信，于王何益？逐而听则可，若不听，是王令困③也。且使万乘之国免其相，是城下之事④也。』

注释

①以为：以之为，省略了宾语（张仪）。②为约：定下诺言。③令困：令其陷入到困顿的境地。④城下之事：兵临城下不得不定下屈服的盟约，这里是说驱逐张仪这件事就像是被迫定下城下之盟一样是耻辱。

译文

楚王要求魏国将其相国张仪赶走。陈轸对楚王说道：『大王您为什么想将张仪赶走呢？』楚王说：『因为张仪身为人臣却不忠不信。』陈轸说：『如果说张仪不忠，大王可以不要让他做您的臣子，如果说张仪不信，大王可以不和他定下什么约定和诺言。更何况，他原本是魏国的大臣，他不忠不信，对大王您来说又有什么损害呢？即便他是又忠又信，对大王您而言又有什么好处呢？大王现在要求魏国将他赶走，如果魏国听从您的话，那还好说，如果魏国不听您的话，那就会让大王处于尴尬的困境。而且，让一个拥有万乘之车的大国听从其他国家的命令将本国的相国罢免，这就如同是让他们感到被迫订立城下之盟一样的耻辱呀。』

张仪之楚

原文

张仪之楚，贫。舍人[①]怒而归。张仪曰：『子必以衣冠之敝[②]，故欲归。子待我为子见楚王。』当是之时，南后、郑袖贵于楚。张子见楚王，楚王不说[③]。张子曰：『王无所用臣，臣请北见晋君。』楚王曰：

『诺。』张子曰：『王无求于晋国乎？』王曰：『黄金、珠玑、犀象出于楚，寡人无求于晋国。』张子曰：『王徒不好色耳？』王曰：『何也？』张子曰：『彼郑、周之女，粉白墨黑[4]，立于衢闾，非知而见之者以为神。』楚王曰：『楚，僻陋之国也，未尝见中国[5]之女如此其美也，寡人之独何为不好色也？』乃资[6]之以珠玉。

注释

①舍人：张仪的随从。②敝：破烂。③说：通『悦』，高兴。④粉白墨黑：形容妆容美丽。⑤中国：中原。⑥资：资助。

译文

张仪来到楚国以后，处境困顿，他的随从对此很不乐意，就想要返回秦国去。张仪对他说：『你必定是由于自己的衣冠破烂，才想要回去的吧。你等着，让我替你去见楚王。』此时，楚王最宠爱就是南后和郑袖，她们在楚国的地位很尊贵。张仪去拜见楚王，楚王看到他以后不太高兴。张仪说道：『既然大王不想任用我，那我就到北方去拜见韩王吧。』楚王说：『好啊！』张仪说：『大王您难道对韩国没有想要的吗？』楚王说：『黄金、珍珠、玑珠、犀革、象牙这些贵重的东西都是产自于楚国，韩国对我而言没有什么想要的。』张仪说：『那大王您不喜欢美色吗？』楚王说：『什么意思？』张仪说：『郑国及周国的女子，一个个全都粉白黛黑，打扮得十分美丽地站立在大街巷口当中，如果别人不知情的话，第一次看到她们的时候，还会真以为是她们都是仙女下凡呢。』楚王说：『楚国地处偏远，从来没有见到过中原的女子是如此之美丽的，我怎么会独独不喜欢美色呢？』于是就将珍

珠和玉器赠送给张仪（让他前去韩国）。

原文

南后、郑袖闻之大恐，令人谓张子曰："妾闻将军之晋国，偶[①]有金千斤，进之左右[②]，以供刍秣[③]。"郑袖亦以金五百斤。张子辞楚王曰："天下关闭[④]不通，未知见日[⑤]也，愿王赐之觞[⑥]。"王曰："诺。"乃觞之。张子中饮[⑦]，再拜[⑧]而请曰："非有他人于此也，愿王召所便习[⑨]而觞之。"王曰："诺。"乃召南后、郑袖而觞之。张子再拜而请曰："仪有死罪于大王。"王曰："何也？"曰："仪行天下遍矣，未尝见人如此其美也。而仪言得美人，是欺王也。"王曰："子释[⑩]之。吾固[⑪]以为天下莫若是两人也。"

注释

①偶：我。②左右：左右随从，其实是送给张仪本人。③刍秣：马食用的草料。④关闭：交通闭塞，道路不通。⑤见日：相见之日。⑥觞：酒杯，这里是说饮酒。⑦中饮：喝酒喝到一半的时候。⑧再拜：拜两次。⑨便习：左右亲近的人。⑩释：释怀，放心。⑪固：本来，原本。

译文

南后和郑袖听到这件事以后，十分惊恐，便派人对张仪说："我们听说将军就要动身到韩国去，我这里有黄金千斤，送给您左右的随从，作为养马的草料钱。"郑袖也将金石五百斤赠送给了张仪。张仪在楚王辞别的时候说道："现在天下各国交通阻隔，道路不通，不知道我什么时候才能够再和大王相见，希望大王能赐给我酒宴作别。"楚王说："好的。"于是就设酒宴和张仪共饮。酒喝到一

半的时候，张仪对着楚王拜了两次，请求说道：『现在这儿没有外人，希望大王可以将左右亲近之人邀请过来一起畅饮。』楚王说：『好的。』于是就将南后和郑袖两人招徕，一同饮酒。张仪又拜了两次向楚国请罪说：『我对大王犯下了死罪呀。』楚王说：『为什么这么说呢？』张仪说：『我走遍全天下，还从来没有见过像南后、郑袖二位这样漂亮的美人，我却还声称要去为您找美人，这就如同是在欺骗大王您哪！』楚王说：『您放心好了。我原本就认为天底下的美女谁也没有她们两人漂亮。』

楚王令昭雎之秦重张仪

原文

楚王令昭雎之秦重①张仪。未至，惠王死。武王逐张仪。楚王因收昭雎以取齐②。桓臧为雎谓楚王曰：『横③亲之不合④也，仪贵惠王而善雎也。今惠王死，武王立，仪走，公孙郝、甘茂贵。甘茂善魏，公孙郝善韩。二人固不善雎也，必以秦合韩、魏。韩、魏之重仪，仪有秦而雎以楚重之。今仪困秦而雎收楚，韩、魏欲得秦，必善二人⑤者。将收韩、魏轻仪而伐楚，方城必危。王不如复⑥雎，而重仪于韩、魏。仪据楚势，挟魏重，以与秦争。魏不合秦，韩亦不从，则方城无患。』

注释

①重：推重。②收昭雎以取齐：收，逮捕。取，取悦。意思是说，因为张仪和昭雎关系很好，楚国原本是想通过昭雎推重张仪去讨好秦国，现在秦国将张仪赶走，楚国便将昭雎也逮捕起来，以此来讨好厌恶张仪的秦武王。③横：连横。④不合：没有成功。⑤二人：指甘茂和公孙郝。⑥复：恢复（昭

睢的地位）。

译文

楚王派昭睢前往秦国，以帮助张仪获取秦国的重用（因为张仪和昭睢关系很好）。昭睢还没来得及前往秦国，秦惠王就已经死了。武王即位以后，将张仪赶走了。楚王因此也就将昭睢拘留了起来，想要以此去讨好齐国。臧桓为昭睢对楚王说道：『秦、韩、魏三国的连横阵线之所以没能成功，是因为秦惠王重用了张仪，而张仪和昭睢的交情很好。如今秦惠王已经死了，武王即位以后，张仪就被秦国驱赶走了，而公孙郝、甘茂得到了重用。甘茂和魏国的关系很友好，公孙郝和韩国的关系很友好。他们两个人和昭睢的关系原本就不太友好，必将会让秦国和韩、魏两国联合起来，一同结成连横阵线。韩、魏两国当初之所以倚重张仪，是因为张仪有秦国作为自己的后台，是昭睢借助了楚国的势力去帮助张仪，才让他得到秦国的重用。如今张仪被秦国赶跑了，处境十分困顿，昭睢又被楚国拘捕了起来，韩、魏两国想要争取秦国的话，必将会对甘茂和公孙郝非常友善。这两人便会联合起韩、魏两国，贬斥张仪，去攻打楚国，这样的话，楚国的方城必将面临危险之境了。大王您不如让昭睢的地位得以恢复，让张仪再度得到韩、魏两国的重用。一旦张仪凭借楚国的势力，再加上魏国对他的重用，便可以去和秦国对抗，这样一来，魏国和秦国就不会联合，韩国和秦国也不会联合了，楚国的方城也就不会再有什么忧患了。』

五国伐秦

原文

五国伐秦。魏欲和，使惠施[1]之楚，楚将入之秦而使行和。杜赫谓昭阳曰[2]：『凡为伐秦者，楚也。今施以魏来，而公入秦。是明[3]楚之伐而信魏之和也。公不如无听惠施，而阴使人以请听秦。』昭子曰：『善。』因谓惠施曰：『凡为攻秦者，魏也。今子从楚为和，楚得其利，魏受其怨。子归，吾将使人因魏而和。』

注释

①惠施：魏国的相国。②杜赫谓昭阳曰：杜赫对昭阳说到。杜赫、昭阳，楚国的大臣。③明：表明。

译文

燕、赵、韩、魏、楚五国结盟攻打秦国。魏国想要与秦言和，就派遣相国惠施出使楚国。楚国将会使他入秦，作为使者去谈判和解。楚臣杜赫对昭阳将军说道：『讨伐秦国的这五国中，以楚国为首领，如今魏相惠施从魏国来到楚国，而大人您却让他去秦国，这是表明楚国主张讨伐，而魏国主张和解。大人您不如别听从魏相惠施的，而自己暗地里派人请求听从于秦国。』昭阳说：『好吧。』于是就派人对惠施说：『讨伐秦国的五国之中，魏国是首领。如今您要是和楚国一起去与秦国讲和，必然是楚国得到好处，魏国却被怨恨。相国您回去吧，我将差遣人打着魏国的名号去和秦国谈判和解。』

原文

惠子反[1]，魏玉不说[2]。杜赫谓昭阳曰：『魏为子先战，折兵之半，谒病不听，请和不得，魏

折而入齐、秦，子何以救之？东有越累③，北无晋，而交未定于齐、秦，是楚孤也。不如速和。』昭子曰：『善。』因令人谒和于魏。

注释

①反：通『返』，返回。②说：通『悦』，喜悦，高兴。③越累：越国这个隐患。

译文

于是惠施就返回到了魏国，魏王十分不高兴。杜赫又对昭阳说道：『魏国替您首先出战，结果一半的兵力都损耗了，声称陷入困境请求援助，没人听从救助，请求议和又未能得到允许。如果魏国反过来投奔齐国和秦国了，您该怎样挽回这种局面呢？况且东边有越国这个隐患，北边又没有三晋的救援，而且和齐、秦两国的邦交还未能定下来，这样的话楚国就会很孤立。您不如速速与魏国和解吧。』昭阳说：『好的。』于是昭阳就差遣人去与魏国和解。

唐且见春申君

原文

唐且①见春申君②曰：『齐人饰身修行得为益，然臣羞而不学也。不避绝江河，行千余里来，窃③慕大君之义，而善君之业。臣闻之，贲、诸④怀锥刃而天下为勇，西施衣褐而天下称美。今君相万乘之楚，御⑤中国⑥之难，所欲者不成，所求者不得，臣等少也。

注释

①唐且：即唐雎。②春申君：楚国的相国黄歇。③窃：暗地里。④贲、诸：孟贲、专诸，古代的勇士。⑤御：防御。⑥中国：中原之国。

译文

唐雎拜见春申君说：『齐国人修养好是为了得到好处，可我认为这是耻辱，而不去学它。我不惜涉江河，行走千余里地来到楚国，是因为我暗地里敬慕您的义气，而且欣您的业绩。我听说，孟贲、专诸即使怀揣锥子一样的武器，天下的人也认为他们是勇士；西施即使身穿粗布衣服，天下的人也称她为美人。现在您身为万乘楚国的国相，抵挡着中原诸侯这样的大敌，可是您想要实现的事却没有实现，想得到的东西却得不到，就是因为缺少像我这样的人。

原文

『夫枭棋[①]之所以能为者，以散棋佐之也。夫一枭之不如不胜五散，亦明矣。今君何不为天下枭，而令臣等为散乎？』

注释

①枭棋：在古代的六棋中以枭棋最大。

译文

『枭棋之所以能够取胜，是因为有散棋帮助它，单独一个枭棋不能战胜五个散棋，这是很明显的事。现在您为什么不做天下的枭棋，而让我们做散棋呢？』

卷十七　楚策四

或谓楚王

原文

或谓楚王曰："臣闻从者[1]欲合天下以朝大王，臣愿大王听之也。夫因诎[2]为信，旧患有成，勇者义之；摄祸为福，裁少为多，知者[3]官之。夫报报之反，墨墨之化[4]，唯大君[5]能之。祸与福相贯，生与亡为邻，不偏于死，不偏于生，不足以载大名。无所寇艾[6]，不足以横世[7]。夫秦捐德绝命[8]之日久矣，而天下不知。今夫横人嚂口利机[9]，上干[10]主心，下牟[11]百姓，公举而私取利，是以国权轻于鸿毛，而积祸重于丘山。"

注释

①从者：主张合纵的人。②诎：通"屈"，委屈。③知者：有智慧的人。④报报之反，墨墨之化：报，反复。墨，通"默"。意思是循环往复地转换。⑤大君：大智慧的人，聪慧的人。⑥寇艾：贼寇的侵扰。⑦横世：纵横一世。⑧捐德绝命：捐弃道德，不顾性命。⑨嚂口利机：口口声声地说着获利的机会。⑩干：干扰，迷惑。⑪牟：牟取。

译文

有人对楚王说道："我听说那些主张合纵联盟的人，想要将诸侯都联合起来，前来朝拜大王，我希望您答应他们的提议。以前会受到委屈，其后却可以得以伸张，由于之前遭受了患难，以后却可以以此为鉴而取得成功，勇敢的人就应该这样呀。由于遭受了灾祸，却可以将其转化为福，由于

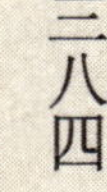

收获甚微，却可以将其转少为多，聪明的人知晓其中的道理，可以顺利地完成这些转变。这些屈和伸、患和成、祸和福、少和多，它们之间反反复复，相反相成的变化是不一定的，只有像大王您这样的大智慧的人才能够做到这样呀。祸和福是一以贯之的，生和死也是相依相伴的。如果在应当为正义而死的时候却苟且偷生，或者在应当为正义而生的时候却一味求死的话，都是不可能成就大业、流传后世的。没有经历过战争灾祸的考验和磨炼，是不可能具备纵横一世的本领的。很长时间以来，秦国都在将道德捐弃，不顾百姓的性命，只是天下人不知道罢了。现在那些主张连横的人，口口声声都在说着其中可以获取的利益，对上足以蛊惑君主之心，对下足以侵害百姓之利，一旦国家有什么行动，那些主张连横的人便趁机为自己谋取利益。因此，国家的政权变得比鸿毛还要轻，而积下祸端却比丘山还要高耸。

庄辛谓楚襄王

原文

庄辛[1]谓楚襄王曰：『君王左州侯[2]，右夏侯[3]，辇从[4]鄢陵君与寿陵君，专淫逸侈靡，不顾国政，郢都必危矣。』襄王曰：『先生老悖[5]乎？将以为楚国妖祥[6]乎？』庄辛曰：『臣诚见其必然者也。非敢以为国妖祥也。君王卒幸四子者不衰，楚国必亡矣。臣请辟[7]于赵，淹留以观之。』庄辛去，之赵，留五月，秦果举鄢、郢、巫、上蔡、陈之地，襄王流揜于城阳。于是使人发驺，征庄辛于赵。庄辛曰：『诺。』

皇帝大驾卤簿玉辇

辇是古代帝王专用的代步工具。

注释

①庄辛：楚国大臣，楚庄王的后代，以庄为氏。②州侯：楚襄王近臣，因州邑是他的封地，故称之为州侯。③夏侯：为楚襄王近臣，因夏邑是他的封地，故称之为夏侯。④辇从：跟随在楚王的辇车之后，亦指鄢陵君与寿陵君为楚王的宠臣。⑤悖：昏乱。⑥妖祥：指不祥。⑦辟：通『避』，躲避。

译文

庄辛对楚襄王说：『大王左边有州侯，右边有夏侯，车后跟着鄢陵君和寿陵君，一味荒淫享乐，奢侈无度，不关心国家政事，国都郢城将会保不住了！』楚襄王说：『先生你老糊涂了吧？还是认为我这样做是楚国的不祥之兆呢？』庄辛说：『我确实看到楚国一定会有这么一天，绝不敢用这样的话为楚国散布不祥。大王始终宠爱这四个人，如不知收敛，楚国一定会灭亡。我请求到赵国去避一避，住一段时间看看。』庄辛离开楚国，到赵国去了。呆了五个月，秦军果然攻下了鄢、郢、巫郡等地，楚襄王流亡，躲藏在阳城。于是派遣专人，出动车马到赵国，召请庄辛回国。庄辛说：『好吧！』

原文

庄辛至，襄王曰：『寡人不能用先生之言，今事至于此，为之奈何？』庄辛对曰：『臣闻鄙语[1]曰：「见兔而顾犬，未为晚也；亡羊而补牢，未为迟也。」臣闻昔汤、武以百里昌，桀、纣以天下亡。今楚国虽小，绝长续短[2]，犹以数千里，岂特[3]百里哉？

注释

①鄙语：俗语。②绝长续短：截取长的，把短的补上。③特：仅仅，只。

译文

庄辛一到楚国，襄王就对他说：『我当初没有听先生的忠告，如今事情到了如此地步，怎么办呢？』庄辛回答说：『我听俗话说：「看见了兔子，再回头招呼狗，并不算晚；羊儿跑丢了，再修补羊圈，也不嫌迟。」我听说以前商汤和周武王凭着百里的地盘昌盛起来；夏桀和商纣王拥有整个天下却灭亡了。现在楚国虽然不大，取长补短，也还有几千里的地盘，岂只百里呢？

原文

『王独不见夫蜻蛉[1]乎？六足四翼，飞翔乎天地之间，俯啄蚊虻而食之，仰承甘露而饮之，自以为无患[2]，与人无争也。不知夫五尺童子，方将调饴胶丝，加己乎四仞之上，而下为蝼蚁食也。

注释

①蜻蛉：蜻蜓。②患：祸患。

译文

“大王难道不曾见过蜻蜓吗？六只脚，四只翅膀，飞翔在天地之间，俯身可以啄食蚊蝇，仰首可以接饮甘露，自以为不会有什么灾难，跟谁也没有竞争。哪里晓得那五尺来高的小孩，正在调和糖浆，抹在丝网上，把它从三丈来高的地方粘下来，落在地上让蝼蛄和蚂蚁吃掉。

原文

“蜻蛉其小者也，黄雀因[①]是以。俯啄白粒，仰栖茂树，鼓翅奋翼，自以为无患，与人无争也。不知夫公子王孙，左挟弹，右摄[②]丸，将加己乎十仞之上，以其颈为招。昼游乎茂树，夕调乎酸咸，倏忽之间，坠于公子之手。

注释

①因：和……一样。②摄：拿。

译文

“蜻蜓的事是小事，黄雀也是这样。它俯身啄食米粒，仰头飞起可以栖息在茂密的树丛中，张开翅膀振翼飞翔，自以为没有什么灾难，跟谁也没有竞争。岂不知公子王孙正左手握着弹弓，右手拿着弹丸，要把它从七八丈的空中射下来，正拿它的脖颈作箭靶子，顷刻之间，落到了公子王孙的手里。它白天还在繁茂的树林间飞翔，晚上已被人加上佐料做成了菜肴。

原文

“夫黄雀其小者也，黄鹄[①]因是以。游于江海，淹[②]乎大沼，俯噣鳝鲤，仰啮菱衡，奋其六翮，

而凌清风，飘摇乎高翔，自以为无患，与人无争也。不知夫射者，方将修其碆卢③，治其缯缴④，将加己乎百仞之上。彼礛磻⑤，引微缴，折清风而抎⑥矣。故昼游乎江河，夕调乎鼎鼐。

注释

①黄鹄：即天鹅。②淹：栖息。③碆卢：弓箭。④缯缴：带有丝绳的箭。⑤磻：锐利的箭。⑥抎：通『陨』，陨落。

译文

『黄雀的事也还是小事，那天鹅也是如此。它在江河上飞翔，在水塘边栖息，俯身啄食鲇鱼和鲤鱼，仰头咬食菱角和香草，鼓起翅膀，乘着清风，在高空中自由自在地飞翔，自以为没有什么祸患，跟谁也没有竞争。不知道那猎人射手正在修理弓矢，准备带丝绳的箭，将把它从七八十丈的高空射下来，它身中利箭，拖着细细的丝绳，划过清风坠落在地上。它白天还在江河中游戏，晚上就已被人煮到了锅里。

原文

『夫黄鹄其小者也，蔡圣侯①之事因是以。南游乎高陂，北陵乎巫山，饮茹溪流，食湘波之鱼，左抱幼妾，右拥嬖女，与之驰骋乎高蔡②之中，而不以国家为事。不知夫子发③方受命乎宣王，系己以朱丝而见之也。

注释

①蔡圣侯：一说为蔡灵侯。②高蔡：地名，位于今河南上蔡。③子发：楚国之臣。

译文

『天鹅的事也是其中的小事，蔡侯的事也是这样。他南游高丘，北登巫山，在茹溪饮马，吃湘水之鱼，左手抱着年轻的妃子，右手搂着宠爱的侍女，跟她们在高蔡驱车驰骋，却不把国家的大事放在心上。不知道那子发正接受楚宣王的命令，要用红绳子捆绑他去见宣王。

原文

『蔡圣侯之事其小者也，君王之事因是以。左州侯，右夏侯，辇从鄢陵君与寿陵君，饭封禄之粟，而戴方府[1]之金，与之驰骋乎云梦之中，而不以天下国家为事。不知夫穰侯方受命乎秦王，填黾塞[2]之内，而投己乎黾塞之外。』

注释

①方府：国库。②黾塞：位于今河南信阳一带。

译文

『蔡侯之事还是其中的小事，大王的事情也是这样。您左边有州侯，右边有夏侯，车后面跟着鄢陵君和寿陵君，吃着从封地取来的粮食，运载着国库里的钱财，跟他们放马奔驰，在云梦游乐，却不把国家大事放在心上。大王哪里知道那穰侯正接受秦王的命令，率领军队越过黾塞，攻进我国境内，要把大王赶到黾塞之外。』

原文

襄王闻之，颜色变作，身体战栗。于是乃以执珪[1]而授之为阳陵君，与淮北之地也。

注释

①执珪：较高的一种爵位。

译文

楚襄王听了这番话，脸色大变，浑身发抖。于是授给庄辛执珪的爵位，封他为阳陵君，并赐予淮北之地。

有献不死之药于荆王者

原文

有献不死之药于荆王者，谒者操以入。中射之士[①]问曰：『可食乎？』曰：『可。』因夺而食之。王怒，使人杀中射之士。中射之士使人说王曰：『臣问谒者，谒者曰可食，臣故食之。是臣无罪，而罪在谒者也。且客献不死之药，臣食之而王杀臣，是死药也。王杀无罪之臣，而明[②]人之欺王。』王乃不杀。

注释

①中射之士：卫士。②明：说明，证明。

译文

有人献长生不死的药给楚王，传递人拿着药走入宫中。有个宫中卫士看见后问道：『是可以吃的东西吗？』传递人回答说：『是可以吃的。』卫士于是就抢过来吃了下去。楚王知道以后大怒，就要杀死这个卫士。这个卫士托人向楚王解释说：『臣问传递人，他告诉臣说是可以吃的，臣才拿过药来吃下去，这事臣没有罪，有罪的乃是传递人。况且客人所献的是长生不死药，臣吃了药大王就杀我，这岂不成了丧命药。大王杀死一个没有罪的臣子，就证明有人在欺骗大王。』楚王于是没有杀他。

天下合从

原文

天下合从，赵使魏加见楚春申君[①]，曰：『君有将乎？』春申君曰：『有矣，仆欲将临武君[②]。』魏加曰：『臣少之时好射，臣愿以射譬之[③]，可乎？』春申君曰：『可。』加曰：『异日者，更羸[④]与魏王处京台之下，仰见飞鸟。更羸谓魏王曰：「臣为王引弓虚发而下鸟。」魏王曰：「然则射可至此乎？」更羸曰：「可。」有间，雁从东方来，更羸以虚发而下之。魏王曰：「然则射可至此乎？」更羸曰：「此孽[⑤]也。」王曰：「先生何以知之？」对曰：「其飞徐[⑥]而鸣悲。飞徐者，故疮痛也；鸣悲者，久失群也。故疮未息而惊心未去也。离弦音，引而高飞，故疮陨也。」今临武君尝为秦孽，不可为拒秦之将也！』

注释

①春申君：即楚相国黄歇，『战国四公子』之一。②临武君：楚国的将军。③以射譬之：用射箭打个比方。譬，譬喻，打比方。④更羸：人名。⑤孽：灾祸，在此指有伤。⑥徐：缓慢。

译文

天下诸侯建立了合纵联盟，赵王派遣大臣魏加去拜见楚国的春申君，魏加对春申君说：『您有没有大将？』春申君说：『有。我打算让临武君担任大将。』魏加说：『我年少的时候非常喜好射箭，我想用射箭来打个比方，行吗？』春申君说：『行啊。』魏加说：『有一天更羸和魏王一起在高台的下面，仰望天空看到飞鸟。更羸就对魏王说道：「我替大王您拉开弓弦虚射，飞鸟就会掉落下来。」魏王说：「但是射箭的技艺竟能够高超到这种地步吗？」更羸说：「行啊。」一会儿，有只大雁从东面飞过来，更羸就拉开弓弦摆出射箭的姿势虚射，飞雁果真掉落下来了。魏玉说：「但是射箭的技艺真的能够高超到这种地步吗？」更羸说：「这是只身上有旧伤的鸟。」魏王问：「先生您是如何知道的呢？」更羸回答说：「它飞得很慢而且叫声很悲凉。飞得慢，是由于旧伤的疼痛；鸣声悲凉，是由于与鸟群失散了很长时间。旧伤还没有痊愈，受惊之心还没有恢复。听到拉弦的声音，就会奋力高飞，旧伤复发，所以就掉下来了。」如今临武君曾经为秦国所败，就像那只飞雁一样，不足以担当抗拒强秦的将军。』

汗明见春申君

原文

汗明见春申君，候①问三月而后得见。谈卒，春申君大说之。汗明欲复谈，春申君曰：『仆已知先生，先生大息②矣！』汗明慌焉，曰：『明愿有问君而恐固③，不审君之圣孰与尧也？』春申君曰：

『先生过矣，臣何足以当尧！』汗明曰：『然则君料臣孰与舜？』春申君曰：『先生即舜也。』汗明曰：『不然，臣请为君终言之。君之贤实不如尧，臣之能不及舜。夫以贤舜事圣尧，三年而后乃相知也。今君一时而知臣，是君圣于尧，而臣贤于舜也。』

注释

①候：等候。②大息：多多地休息。③固：浅薄。

译文

汗明前去面见楚相国春申君，等了三个月的时间，才得以相见。谈完之后，春申君很喜欢汗明。汗明想再与春申君谈论，春申君说：『我已经知道先生了，先生您请好好休息吧。』汗明很慌张，说道：『我有事想问问您，但又担心自己太浅薄为您所见笑。不知您和尧相比，哪一个更圣明呢？』春申君说：『先生您错了，我怎么能够和尧相比呢？』汗明又问：『但是您觉得我和舜相比，哪一个更有贤能呢？』春申君说：『先生您就是舜啊！』汗明说：『不，我请求您让我对您把话说完。您的确没有尧帝圣明，我的才能也比不上舜帝。那么有贤能的舜侍奉那么圣明的尧帝，三年的时间才了解了彼此。如今您一会儿的时间就了解了我，这就代表您比尧帝还要圣明，而我则比舜帝还要有贤能。』

原文

春申君曰：『善。』召门吏为汗先生著客籍，五日一见。汗明曰：『君亦闻骥乎？夫骥之齿至矣，服盐车而上太行。蹄申膝折，尾湛胕溃①，漉汁洒地，白汗交流，中阪迁延，负辕不能上。伯乐遭之，下车攀而哭之，解纻衣以幂②之。骥于是俯而喷，仰而鸣，声达于天，若出金石声者，何也？彼见伯

乐之知己也。今仆之不肖，阨于州部③，堀穴穷巷、沉洿鄙俗之日久矣，君独无意湔拔④仆也，使得为君高鸣屈于梁乎？』

注释

①尾湛胕溃：尾巴下垂，脚趾溃烂。胕，脚趾；湛，下垂；溃，溃烂。②幂：覆盖，遮盖。③阨于州部：困厄的生活在下层。阨，通『厄』；州部，指社会的底层。④湔拔：洗涤祛除。

译文

春申君说：『好。』于是春申君就召唤门吏，把汗明记录在门客簿上，每五天接见一次。汗明说：『贤公您也听闻过千里马吧？千里马长成了，却套着盐车攀爬太行山，后蹄伸直，前膝弯曲，尾巴下垂，脚趾都磨烂了，盐水洒了一地，自己也累得直流汗，爬到半山坡的时候就不再向前了，负载着辕车爬不上去。这时碰到了伯乐，伯乐下车抚摸着马，为它伤心流泪，他脱下自己的麻布衣裳披在千里马身上。此时千里马低着头，喘着气，之后抬头嘶鸣，声音传上了云霄，仿佛是金与石撞击发出的声响，这是为何呢？千里马明白伯乐很了解它。如今我不才，生活困厄处在底层，居住在地穴穷巷之中，沦落在鄙俗

伯乐相马

『千里马常有，而伯乐不常有。』这幅画表现的就是伯乐看到千里马被用于拉车时的场景。

的环境中很久了，贤公难道没有为我洗掉祛除厄运，让我替您鸣喊委屈的心意吗？』

楚考烈王无子

原文

楚考烈王无子，春申君患之，求妇人宜子者进之甚众，卒无子。

赵人李园持其女弟[①]，欲进之楚王，闻其不宜子，恐又无宠，李园求事春申君为舍人。已而谒归，故[②]失期。还谒，春申君问状[③]。对曰：『齐王遣使求臣女弟，与其使者饮，故失期。』春申君曰：『聘入[④]乎？』对曰：『未也。』春申君曰：『可得见乎？』曰：『可。』于是园乃进其女弟，即幸于春申君。知其有身[⑤]，园乃与其女弟谋。

注释

①女弟：即妹妹。②故：故意。③状：情况。④聘入：下聘礼。⑤有身：有身孕。

译文

楚考烈王没有儿子，相国春申君因为这件事很担心，四处寻求了容易生子的女子，向楚王进献了很多，但始终也没有儿子。

赵国人李园领着自己的妹妹，打算把她进献给楚王，但是又听闻楚王不宜生子，担心妹妹会不能得宠。后来李园就请求事奉春申君，当了他门上的舍人。不久请假回家，又故意延误归期。归来之后谒见春申君，春申君就询问原因，李园回答道：『齐王派使者来求娶我的妹妹，我因为和那个使者喝酒而延误了归期。」春申君问：「下聘礼了吗？」李园回答说：「还没有。」春申君问：「我能见一见吗？」李园回答说：「可以。」于是李园就把他的妹妹进献了进来，很快就为春申君所宠幸。后来李园的妹妹知道自己有了身孕，李园就与妹妹一起谋议。

原文

园女弟承间说春申君曰：『楚王之贵幸君，虽兄弟不如。今君相楚王二十余年，而王无子，即百岁[①]后，将更立兄弟。即楚王更立，彼亦各贵其故所亲，君又安得长有宠乎？非徒然也，君用事久，多失礼于王兄弟，兄弟诚立，祸且及[②]身，奈何以保相印、江东之封乎？今妾自知有身矣，而人莫知，妾之幸君未久，诚以君之重而进妾于楚王，王必幸妾。妾赖天而有男，则是君子之为王也，楚国封尽可得，孰与其临不测之罪乎？』春申君大然[③]之，乃出园女弟谨舍，而言之楚王。楚王召入，幸之。遂生子男，立为太子，以李园女弟立为王后。楚王贵李园，李园用事。

注释

①百岁：去世的委婉表达。②及：到达。③然：认为对。

译文

李园的妹妹就趁机游说春申君，说道：『楚王给您的信任、尊贵，哪怕是兄弟都比不上。如今您已经辅佐楚王二十多年了，但是楚王始终没有儿子。一旦楚王去世，必然会改立他的兄弟为王。而新任楚王莅位后，他就会使他的亲近之人得以显贵，难道您能够长期拥有君王的宠信吗？不仅仅是这样，您执掌政权已经很久了，对楚王的兄弟一定有很多失礼之处，如果楚王的兄弟真的继位为王，祸患就会降临到您的身上，您又怎能使您的相印得以保全、江东的封地得以守护呢？如今我自己知道怀有有孕，但是并没有别人知晓。我得到您的宠幸的时间又不是很长，倘若能借助于您显赫的地位将我进献给楚王，楚王必定会宠幸于我。倘若得到上天的庇护生下个男孩，那么就是您的儿子成为楚王，您就可以得到整个楚国，这与让您面临不测的祸患相比，哪个更好呢？』春申君非常同意她的建议。于是就将李园的妹妹转移到隐蔽的地方，并向楚王说了进献李园妹妹的事。于是楚王就把她召入宫中，临幸她。后来果真生下了个男婴，被册立为太子，李园的妹妹被册封成了王后。楚王很看重李园，李园很快掌权。

李园既入其女弟为王后，子为太子，恐春申君语泄而益骄，阴[1]养死士，欲杀春申君以灭口，而国人颇有知之者。

春申君相楚二十五年，考烈王病[2]。朱英谓春申君曰：『世有无妄[3]之福，又有无妄之祸。今君处无妄之世，以事无妄之主，安不有无妄之人乎？』春申君曰：『何谓无妄之福？』曰：『君相楚二十余年矣，虽名为相国，实楚王也。五子皆相诸侯。今王疾甚，旦暮且崩，太子衰弱，疾而不起。而君相少主，因而代立当国，如伊尹周公。王长而反政，不，即遂南面称孤[4]，因而有楚国。此所谓无妄之福也。』春申君曰：『何谓无妄之祸？』曰：『李园不治国，王之舅也；不为兵将，而阴养死士之日久矣。楚王崩，李园先入，据本议制断君命，秉权而杀君以灭口。此所谓无妄之祸也。』春申君曰：『何谓无妄之人？』曰：『君先仕臣为郎中，君王崩，李园先入，臣请为君劃[5]其胸，杀之。此所谓无

妄之人也。』春申君曰：『先生置之，勿复言已！李园，软弱人也，仆又善之，又何至此？』朱英恐，乃亡去。

注释

①阴：暗地里，偷偷的。②病：指重病。古人小病成为『疾』，病得很严重才称为『病』。③妄：出乎意料。④南面称孤：面向南边称王。古时君王坐北朝南，『孤』是君王的自称，因此说『南面称孤』。⑤剸：刺，插。

译文

李园已经使妹妹进了宫，并且被册封为王后，儿子又被册封为太子，李园很担心春申君说话泄漏出真相，并且会变得更加骄横，就暗地里养了一批刺客，打算把春申君杀了灭口，但是楚国内也有知道此事的人。

春申君辅佐楚王二十五年的时候，考烈王病得很厉害。朱英就对春申君说道：『人世间有出乎意料的福，又有出乎意料的祸患；如今相国您就处在出人意料的世间，臣事出乎预料之外的君王，又怎能没有出乎意料的人呢？』春申君说：『什么是出乎意料的福？』朱英回答说：『您辅佐楚王长达二十余年

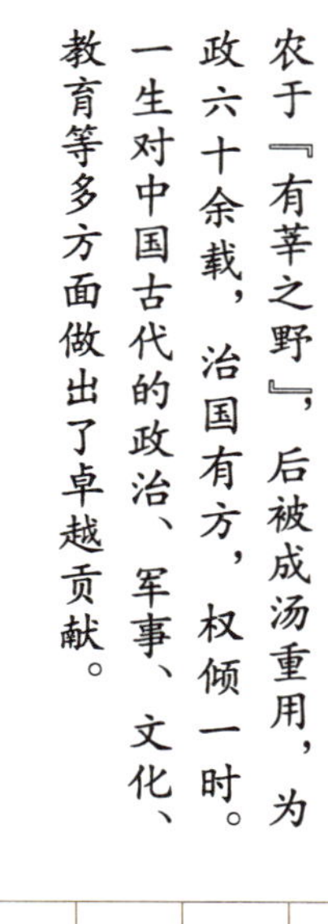
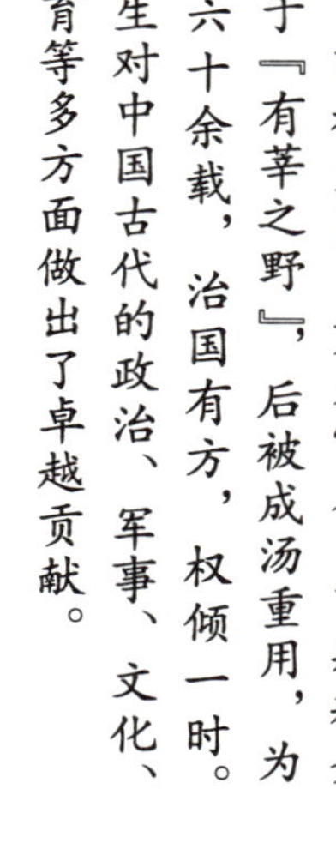

伊尹

商初大臣，尹为官名。曾躬耕务农于『有莘之野』，后被成汤重用，为政六十余载，治国有方，权倾一时。一生对中国古代的政治、军事、文化、教育等多方面做出了卓越贡献。

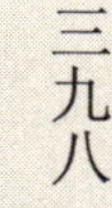

之久，虽然名义上只是个相国，但实际上却相当于是楚王。您的五个儿子都成为诸侯的辅佐之臣。如今楚王病重，旦夕之间就会驾崩，太子又身体虚弱，一旦楚王病得起不来床，您就得像伊尹和周公一样辅佐少主，并代替他执掌国家大权。等到少主长大之后再把国家政权还给少主，不这样的话，就面向南边称王，通过这样完全占有楚国。这就是所说的出乎意外的福。』春申君说：『出乎意料的祸又是指什么呢？』朱英回答说：『李园不是楚国的相国，只是楚王的大舅子，他没有手握兵权，但是背地里却养了一批刺客。一旦楚王驾崩，李园必定会首先进宫，按照他原本的打算专断楚王的命令，把持大权，把您杀了灭口，这就是所说的意料之外的祸患。』春申君说：『出乎意料的人又是指什么呢？』朱英回答说：『您先让我担任宫中侍卫之职，一旦楚王驾崩，李园首先入宫的话，我请求替您把刀插进他的胸膛，杀了他。这就是所说的出乎意料的人啊！』春申君说：『先生您还是将此事搁置起来吧！不要再说这些话了。李园是个非常软弱的人，我对他又很友善，他又怎能做出这样的事呢？』朱英非常恐惧，于是就逃亡了。

原文

后十七日，楚考烈王崩，李园果先入，置死士止于棘门之内。春申君后入，止棘门。园死士夹刺春申君，斩其头，投之棘门外，于是使吏尽灭春申君之家。而李园女弟，初幸春申君有身，而入之王所生子者，遂立为楚幽王也。

是岁[1]**，秦始皇立九年矣，嫪毐亦为乱于秦。觉，夷三族，而吕不韦废。**

注释

①是岁：这一年。

译文

十七天之后，楚考烈王驾崩。李园果真率先入宫，把刺客们隐藏在棘门内。之后春申君进宫，刚到了棘门，李园的刺客们就两面夹击刺杀春申君，斩下了春申君的首级，扔到棘门以外，于是又派人将春申君一家都给灭了。而李园的妹妹，当初被春申君临幸怀孕，后来又被进献给楚王，生下的儿子，就被立为楚幽王。

同年，也就是秦始皇即位第九年，嫪毐也惑乱秦国，被发现了之后，被诛灭三族，当时的秦相吕不韦也因此事被废除。

知伯从韩魏兵以攻赵

原文

知伯从韩、魏兵以攻赵，围晋阳而水之，城下不沉者三板。郄疵谓知伯曰：『韩、魏之君必反矣！』知伯曰：『何以知之？』郄疵曰：『以其人事知之。夫从韩、魏之兵而攻赵，赵亡，难必及韩、魏矣。今约胜赵而三分其地，今城不没①者三板，臼灶生蛙，人马相食，城降有日，而韩、魏之君无喜志而有忧色，是非反如何也？』

注释

①不没：没即淹没。不没即没有淹没。

译文

知伯率领韩、魏两方的军队进攻赵襄子，围困了晋阳，并且往晋阳城内灌水，水面离城墙顶只有六尺。郄疵对知伯说：『韩康子及魏宣子一定会谋反。』知伯说：『您怎么知道？』郄疵说：『是根据人的行为、表现知道的。您率领韩、魏两方的军队进攻赵襄子，赵襄子被灭亡后，祸患必然落到韩、魏双方的头上。现在您与韩、魏约定战胜了赵襄子后三家平分其地。现在晋阳城被水淹得离城墙顶还只剩下六尺，石臼和灶里已有水，生出了青蛙，城内人只有杀马食用，攻下晋阳城已指日可待，可是韩康子和魏宣子没有高兴起来，却面带愁容。这不是要反叛又是什么呢？』

明日，知伯以告韩、魏之君，曰：『郄疵言君之且反也。』韩、魏之君曰：『夫胜赵而三分其地，城今且将拔矣，夫二家虽愚，不弃美利于前，背信盟之约，而为危难不可成之事，其势可见也。是疵为赵计矣，使君疑二主之心而解于攻赵也。今君听谗臣之言，而离二主之交，为君惜之！』趋而出。郄疵谓知伯曰：『君又何以疵言告韩、魏之君为？』知伯曰：『子安知之？』对曰：『韩、魏之君视疵端而趋疾。』

郄疵知其言之不听，请使于齐，知伯遣之。韩、魏之君果反矣。

译文

第二天，知伯把郄疵这番话告诉了韩康子及魏宣子，说：『郄疵说你们要谋反。』韩康子、魏宣子说：『战胜赵襄子，我们三家平分其地，晋阳城马上就要攻下了。我们两家虽然愚蠢，也不至于把眼前的利益抛掉，违背盟约，去做那种危险而又不可能成功的事，这是显而易见的。郄疵为赵襄子出谋划策，让您怀疑我们二人的诚心，放松对赵襄子的进攻。现在您听信奸臣搬弄是非的话，任他离间我们之间的关系，我们实在为您痛惜。』他们说完转身就走。郄疵对知伯说：『您为什么又把我的话告诉韩康子和魏宣子呢？』知伯说：『您怎么知道的？』郄疵回答说：『韩康子、魏宣子看见我发愣，有些惊慌，很快就走过去了。』

郄疵知道知伯不会听他的话，就请求出使到齐国去，知伯同意派遣他到齐国。果然韩康子、魏宣子反叛了知伯。

知伯帅赵韩魏而伐范中行氏

原文

知伯[①]帅赵、韩、魏而伐范、中行氏，灭之。休[②]数年，使人请地于韩。韩康子欲勿与，段规谏曰：『不可。夫知伯之为人也，好利而鸷复[③]，来请地不与，必加兵于韩矣。君其与之。与之，彼狃，又将请地于他国，他国不听，必乡之以兵。然则韩可以免于患难，而待事之变。』康子曰：『善。』使使者致万家之邑一于知伯。知伯说[④]。

又使人请地于魏，魏宣子欲勿与。赵葭谏曰：『彼请地于韩，韩与之；请地于魏，魏弗与，则是魏内自强，而外怒知伯也。然则其错兵于魏必矣！不如与之。』宣子曰：『诺。』因使人致万家之邑一于知伯。知伯说。

注释

①知伯：原为晋国的臣子，与韩氏、赵氏、魏氏、范氏、中行氏同为晋国的六大臣，把揽权政，后来以知伯的实力最强。②休：指休整，修养。③复：一说为『愎』，固执。④说：同『悦』，高兴。

译文

知伯统帅着赵、韩、魏三方的军队去讨伐范氏和中行氏，把他们都给消灭了。军队休整了数年之后，知伯就差遣人去向韩氏索要土地。韩康子不想把土地给知伯，大臣段规劝谏道：『不可以，知伯这个人贪图利益并且很固执，如果他派人来索要土地我们不给他的话，必然会发兵讨伐我们。我们还是把土地给了他吧。送给了他，他就会习以为常，就会再到其他国家去索要土地，倘若别国不听从，

他就必然会发兵讨伐这个国家。这样的话韩国就能够免遭战祸，等待时机发生变化。』韩康子说：『好吧。』于是就让使者把一万户的城邑送给了知伯，知伯非常高兴。

于是知伯就再次差遣人向魏氏去索要土地，魏宣子打算不给他。大臣赵葭就向魏宣子劝谏道：『知伯向韩氏索要土地，韩康子把土地给他了；如今又向魏氏索要土地，我们如果不给的话，这就代表魏氏在内以为很强大，可是对外却让知伯很愤怒。这样的话，知伯必然会发兵讨伐魏氏。不如我们还是给了他吧。』魏宣子说：『那好吧』。于是就也让人把万户的城邑送给了知伯，知伯非常高兴。

原文

又使人之赵，请蔡、皋狼①之地，赵襄子弗与。知伯因阴结韩、魏将以伐赵。赵襄子召张孟谈②而告之曰：『夫知伯之为人，阳亲而阴疏，三使韩、魏，而寡人弗与焉，其移兵寡人必矣。今吾安居而可？』张孟谈曰：『夫董安于③，简主④之才臣也，世治晋阳，而尹铎⑤循⑥之，其余政教犹存，君其定居晋阳。』君曰：『诺。』乃使延陵生将车骑先之晋阳，君因从之。至，行城郭，案府库，视仓廪，召张孟谈曰：『吾城郭之完，府库足用，仓廪实矣，无矢奈何？』张孟谈曰：『臣闻董子之治晋阳也，公宫之垣皆以荻蒿楛楚墙之⑦，其高至丈余，君发而用之。』于是发而试之，其坚则箘簬⑧之劲不能过也。君曰：『足矣，吾铜少若何？』张孟谈曰：『臣闻董子之治晋阳也，公宫之室，皆以炼铜为柱质，请发而用之，则有余铜矣。』君曰：『善。』号令以定，备守以具。

注释

①蔡、皋狼：归属于赵襄子的土地。②张孟谈：赵襄子的臣子。③董安于：赵氏的家臣。④简主：

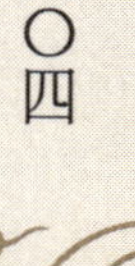

赵襄子的父亲赵简子。⑤尹铎：赵氏的家臣。⑥循：遵循，按照。⑦以狄蒿楛楚墙之：荻、蒿、楛、荆条把它加固了。荻、蒿，都是草名；楛，一种灌木的名称；楚，即荆条。⑧箘簬：竹子。

译文

于是知伯就又差遣人去赵氏，索要蔡和皋狼两个地方，赵襄子没有给他。知伯于是就暗地里和韩、魏两方结盟，将要一起讨伐赵襄子。于是赵襄子就召见大臣张孟谈，对他说：『知伯这个人，表面上看起来和你很亲近，暗地里却对你很疏远，他曾三次差人到韩氏和魏氏，而我没有把土地给他，它必然会发兵讨伐我。如今我该怎么办才好呢？』张孟谈说：『董安于是先主简子很有才能的臣子，历代治理晋阳，之后尹铎也按照他的方法治理晋阳，他们政教的余风仍然保存着，您还是定居在晋阳城吧。』赵襄子说：『好』。于是就让延陵生带领着车马先去晋阳，之后赵襄子也尾随而去。到了以后，这就去巡视城内外，检查府库，巡视粮仓，之后又召见张孟谈，对他说：『我们的晋阳城内外都十分完善，府库钱财也足够用的了，粮食也很充实，但是没有箭将如何是好啊？』张孟谈说：『我曾听闻董安于治理晋阳时，宫墙都是用荻、蒿、楛、荆条把它加固了的，又一丈多高，您拆开墙使用这些东西啊！』于是就拆墙将它们取出来，进行尝试，即使是箘簬也不如它们坚固。赵襄子说：『箭已经很充足了，但是我们的铜不够怎么办啊？』张孟谈说：『我曾听闻董安于治理晋阳的时候，宫室内的柱子都是用铜为材料做成的，请您拆掉运用它们吧，这样的话肯定会有剩余的铜。』赵襄子说：『好的』。已经发号施令，防守的器具也已经准备好了。

询求政术

董安于是赵简子的家臣，也是晋阳城的建城者。董安于到晋阳时，向蹇老询问如何治理晋阳，蹇老要其做到『忠』、『信』、『敢』三点，就是对君主要忠心，要取信于民，还要敢于为政，除恶务尽。正是由于董安于在晋阳的治理，使晋阳成为赵氏的坚强后方。

原文

三国之兵乘晋阳城，遂战。三月不能拔，因舒军而围之，决[1]晋水而灌之。围晋阳三年，城中巢居而处，悬釜[2]而炊，财食将尽，士卒病羸。襄子谓张孟谈曰：『粮食匮[3]，城力尽，士大夫病，吾不能守矣，欲以城下，何如？』张孟谈曰：『臣闻之「亡不能存，危不能安，则无为贵知士也」。君释此计，勿复言也。臣请见韩、魏之君。』襄子曰：『诺。』

注释

①决：挖开。②釜：指锅。③匮：匮乏，缺乏。

译文

韩、魏、知伯三家的军队来到了晋阳城，很快就开战了。三个月了还没能攻下晋阳城，于是知伯就把军队分散开，围攻晋阳，挖开晋水把水灌到晋阳城。晋阳城已经被围困了三年，城中的百姓都像鸟一样居住在了树上，吊起锅做饭，财物和粮食都快要用尽了。士兵们都十分疲惫羸弱。赵襄子就对张孟谈说道：『粮食匮乏，城中的力量也将要用尽了，士大夫们也都承受不了了，我恐怕不能再守城了，想要举城投降，怎么样

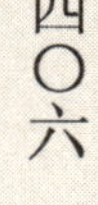

啊？』张孟谈说：『我曾听闻「国家灭亡的时候不能保存；国家有危难不能将它安定，那就不必要那些尊贵的才智之人了。」您还是放弃这种想法吧，不要再说了。我请求去拜见韩康子和魏宣子。』赵襄子说：『好。』

原文

张孟谈于是阴见韩、魏之君，曰：『臣闻「唇亡则齿寒」，今知伯帅二国之君伐赵，赵将亡矣，亡则二君为之次矣。』二君曰：『我知其然。夫知伯为人也，粗中而少亲，我谋未遂而知，则其祸必至，为之奈何？』张孟谈曰：『谋出二君之口，入臣之耳，人莫之知[①]也。』二君即与张孟谈阴约三军，与之期日。夜遣入晋阳，张孟谈以报襄子，襄子再拜之。

注释

①人莫之知：指没有人知道。莫，没有。

译文

于是张孟谈就偷偷地拜见韩、魏的主公，说道：『我曾听闻「一旦唇亡的话就会齿寒」，如今知伯率领韩、魏两国的主公讨伐赵氏，赵氏一定会灭亡。但是赵国一旦灭亡了，就该轮到韩、魏你们二位了。』韩、魏二位君主说：『我们也明白这个道理。知伯这个人，实际上非常粗暴而又缺乏仁爱，只是我们的图谋还未能成功，就会被他知道，那时祸害必将降临到我们头上，那该怎么办啊？』张孟谈说：『这个图谋出自你们的嘴，进入到我的耳朵里，别人不会知道』。韩、魏两位君主就和张孟谈偷偷地建立了三军联合的盟约，定下日期。当天夜晚张孟谈就返回晋阳，将此事告诉赵襄子，赵襄子再次拜谢他。

张孟谈因朝知伯而出，遇知过辕门之外。知过入见知伯，曰：『二主殆[1]将有变。』君曰：『何如？』对曰：『臣遇张孟谈于辕门之外，其志矜，其行高。』知伯曰：『不然，吾与二主约谨矣，破赵三分其地，寡人所亲之，必不欺也。子释之，勿出于口。』知过出见二主，入说知伯曰：『二主色动而意变，必背[2]君，不如今杀之。』知伯曰：『兵箸晋阳三年矣，旦暮当拔[3]之，而飨其利，乃有他心？不可，子慎勿复言。』知过曰：『不杀则遂亲之。』知伯曰：『亲之奈何？』知过曰：『魏宣子之谋臣曰赵葭，康子之谋臣曰段规，是皆能移其君之计，君其与二君约，破赵则封二子者各万家之县一，如是则二主之心可不变，而君得其所欲矣。』知伯曰：『破赵而三分其地，又封二子者各万家之县一，则吾所得者少，不可。』知过见君之不用也，言之不听，出，更其姓为辅氏，遂去不见。

注释

①殆：害怕。②背：背叛。③拔：攻取。

译文

张孟谈于是就去朝见知伯，出来以后，在辕门外边碰到知过。知过就进去拜见知伯，说：『韩、魏二位君主恐怕会背叛生变。』知伯问：『从哪里知道？』知过回答说：『我在辕门外碰到了赵臣张孟谈，他的神情很骄矜，行为很傲慢。』知伯说：『他们不会如此，我和韩、魏二位君主约定好了，一旦破赵我们三分其地，这是我亲自与他们商定的，他们必然不会期瞒我的。您就放开这种疑虑吧，不要再说此事了。』知过出来之后又去拜见韩、魏二位君主，之后就又进去游说知伯说：『韩、魏两位君主的脸色神情有所变化，必然会背叛您的，不如现在杀了他们。』知伯说：『我们出兵晋阳已经三年了，早晚就将要攻破晋阳城了，就将要分享利益了，又怎么会有二心呢？不行，你还是谨慎些，别再提起此事了。』知过说：『如果不杀他们的话就对他们亲善些吧。』知伯说：『该怎么样亲善呢？』知过说：『魏宣子有个叫赵葭的谋臣，韩康子有个叫段规的谋臣，都是能改变韩、魏两位君主心意的人，您就和两位君主约定，攻破赵军之后，就分封这二人每人一个万户的县邑。如此的话韩、魏二位君主的心就不会变，您也就可以得到自己想要的一切了。』知伯说：『破赵后将其地三家平分，再给他们的臣子二人各自分封一个万户的县邑，这样我所得到的就会变少了，不可以。』知过看到知伯不听从自己的计谋，出来之后，就改姓为辅氏，之后就离开不去见知伯了。

原文

张孟谈闻之，入见襄子曰：『臣遇知过于辕门之外，其视有疑臣之心，入见知伯，出更其姓。今暮不击，必后之矣。』襄子曰：『诺。』使张孟谈见韩、魏之君曰：『夜期。』杀守堤之吏，而决水灌知伯军。知伯军救水而乱，韩魏翼①而击之，襄子将卒犯其前，大败知伯军而禽知伯。知伯身死、国亡、地分，为天下笑，此贪欲无厌②也。夫不听知过亦所以亡也。

知氏尽灭，唯辅氏存焉。

注释

①翼：侧面。②厌：满足。

译文

张孟谈听闻此事之后，就进去拜见赵襄子，说道：「我在辕门的外面碰到了知过，看起来他对我有所怀疑，就进去拜见知伯，出来之后就把姓氏改变了。倘若今晚上不攻击知伯的话，就会晚人一步。」赵襄子说：「好吧。」就派遣张孟谈去对韩、魏二位君主说道：「今天晚上举事。」于是就把知伯守堤的官吏给杀了，又把晋水挖开去灌知伯的军队。知伯的士卒都去救水了，军中一片混乱，韩和魏两军从侧翼夹击，赵襄子又率兵从正面攻击，大败知伯的军队，把知伯给活捉了。知伯人死了、国家亡了、土地也被瓜分了，招致天下人的耻笑，这都是由于贪得无厌。这也是由于他不听取知过的进谏才造成了最终的灭亡。

知氏的家族全部都被灭了，只剩下辅氏保存了下来。

张孟谈既固赵宗

原文

张孟谈既固赵宗，广封疆，发五百[1]，乃称简[2]之涂[3]以告襄子，曰：「昔者前国地君之御有之曰：『五百之所以致天下者，约：令主势能制臣，无令臣能制主。故贵为列侯者，不令在相位；自将军以上，不为近大夫。』今臣之名显而身尊，权重而众服，臣愿捐功名，去权势以离众。」

注释

①五百：即五伯，指春秋五霸。②简：知赵襄子的父亲赵简子。③涂：通「途」，道路，这里指

治国之道。

译文

张孟谈既然已经使赵氏的基业得以巩固，土地得以拓展，发扬五霸的精神，于是就称颂先主赵简子的治国之道，对赵襄子说道：『以前先主简子治理国政，留下遗训：「五霸之所以可以统帅诸侯，原因是有所约束：君主的权力能够辖制大臣，不要让臣子可以反过来辖制君主。因此，如果已经具有列侯这样的地位的臣子，就不要再让他担任相国之职；在将军职位以上的臣子，不能让他们担任近大夫。」如今我的声名显赫，身份又尊贵，权势重大，又能令人服从，因此我请求捐弃功名，舍弃权势，远离大众。』

原文

襄子恨然曰：『何哉？吾闻辅主者名显，功大者身尊，任国者权重，信忠在已而众服焉。此先圣之所以集国家、安社稷乎！子何为然？』张孟谈对曰：『君之所言，成功之美也；臣之所谓，持国之道也。臣观成事，闻往古，天下之美同，臣、主之权均之能美，未之有也。前事之不忘，后事之师。君若弗图[①]，则臣力不足。』怆然有决[②]色。

注释

①图：考虑。②决：通『诀』，诀别。

译文

赵襄子非常伤心地说：『您这是为何啊？我曾听闻辅佐君主的人，要声名显赫；为国家立下汗马功劳的人，地位就应该尊贵；统领国家的人，就应当握有重权。自己忠心奉主，又为大众所信服。这是古代圣贤们之所以能够统治国家，安定社稷的原因所在啊！您为何要这样啊？』张孟谈说：『您所说的是成功治国之美；而我所说的是治理国家的道理。我纵览古往今来的成大事者，普天之下美好的东西是相同的；但是大臣与国君的平分政权，还能统治好的，还没有过这种情况。不忘记前面的教训，对以后做事是一种借鉴。倘若您不考虑这些的话，我也就无能为力了。』张孟谈非常伤心的样子，带有诀别的意味。

原文

襄子去之。卧三日，使人谓之曰：『晋阳之政，臣下不使者何如？』对曰：『死僇[1]。』张孟谈曰：『左司马见使于国家，安社稷，不避其死，以成其忠，君其行之。』君曰：『子从事。』乃许之。张孟谈便厚以便名，纳地释事，以去权尊，而耕于负亲之丘。故曰：贤人之行，明主之政也。

注释

①死僇：指死刑。僇，同『戮』，杀戮。

译文

赵襄子让张孟谈先走了，在床上躺了三天，让人对张孟谈说道：『晋阳城的政务，臣子们不听从派遣，该怎么办好啊？』张孟谈回答说：『死刑。』张孟谈又对赵襄子道：『左司马为了国家，安定社稷，不顾及自己的生死，以成全其忠心，您就让我走吧！』赵襄子说：『那你就做自己想做的事去吧。』于是赵襄子才答应了张孟谈。张孟谈安然地享有胜名，他把封地归还了，舍弃了相位，放弃了权贵，亲自到负亲之丘耕地种田去了，因此说：贤臣治理国家那是因为有圣明的君主当政。

原文

耕三年，韩、魏、齐、燕负亲以谋赵，襄子往见张孟谈而告之曰：『昔者知氏之地，赵氏分则多十城，复来，而今诸侯孰谋我，为之奈何？』张孟谈曰：『君其负剑而御臣以之国，舍[①]臣于庙，授吏大夫，臣试计之。』君曰：『诺。』张孟谈乃行，其妻之楚，长子之韩，次子之魏，少子之齐。四国疑而谋败。

注释

①舍：客舍，这里指住宿。

译文

张孟谈耕种了三年的时候，韩、魏、齐、楚背弃原本的亲近之约，想要对赵国有所图谋。赵襄子就前去拜访张孟谈，对他说到：『之前知伯的土地，我们赵氏分的时候多分了十座城池，如今诸侯又想要对我们有所图谋，这该怎么办啊？』张孟谈说：『您就让人给我背着剑，驾着车，到国都去吧，就把我的住所安置在宗庙那里，授予我个士大夫的官职，我去试一下。』赵襄子说：『好。』于是张孟谈就让自己的妻子到楚国去出使，让长子到韩国去出使，让次子到魏国去出使，让幼子到齐国去出使。四国都彼此猜疑，对赵国的图谋也就失败了。

晋毕阳之孙豫让

原文

晋毕阳[1]之孙豫让，始事范、中行氏而不说[2]，去而就知伯，知伯宠之。及三晋分知氏，赵襄子最怨知伯，而将其头以为饮器。豫让遁逃山中曰：『嗟乎！士为知己者死，女为悦己者容。吾其报知氏之仇矣。』

注释

①毕阳：晋国的侠义之士。②说：通『悦』，喜欢。

译文

晋国毕阳的孙子豫让，起初臣事范氏和中行氏，但是他们不喜欢他，之后就离开了投靠知伯，知伯非常宠信他。待到赵、魏、韩三家瓜分了知氏的土地的时候，赵襄子极为怨恨知伯，因此就用知伯的头骨作为器皿喝酒。豫让逃到山中，说：『天啊！俗话说：「义士为知己而死，女人为喜欢自己的人而梳妆打扮。」我要为知伯报仇！』

原文

乃变姓名，为刑人[1]，入宫涂厕，欲以刺襄子。襄子如厕，心动，执问涂者，则豫让也。刃其扜[2]，曰：『欲为知伯报仇。』左右欲杀之。赵襄子曰：『彼义士也，吾谨避之耳。且知伯已死，无后，而其臣至为报仇，此天下之贤人也。』卒释之。

注释

①刑人：受过刑的人。②刃其扜：扜，瓦刀。将瓦刀磨得锋利。

译文

于是豫让就更改姓名，假装为受过刑的人，进入赵襄子的宫中粉刷厕所，想要行刺赵襄子。襄子到厕所去，看到他心里有些异样，就抓住他查问，竟然发现是豫让。豫让露出磨锋利的瓦刀对赵襄子说道：『我要替知伯报仇。』左右近臣们想要杀了豫让。赵襄子说：『他是个侠义之士，我谨慎些避开他吧。况且知伯已经死了，又没有后代，如今他的臣下前来寻仇，这是天下间的贤人啊！』最终把豫让放了。

原文

豫让又漆身为厉[①]，灭须去眉，自刑以变其容，为乞人而往乞，其妻不识，曰：『状貌不似吾夫，其音何类吾夫之甚也。』又吞炭为哑变其音。其友谓之曰：『子之道甚难而无功，谓子有志则然矣，谓子智则否。以子之才而善事襄子，襄子必近幸子；子之得近，而行所欲，此甚易而功必成。』豫乃笑而应之曰：『是为先知报后知，为故君贼新君，大乱君臣之义者无此[②]矣。凡吾所谓为此者，以明君臣之义，非从易也。且夫委质而事人，而求弑之，是怀二心以事君也。吾所为难，亦将以愧天下后世人臣怀二心者。』

注释

①漆身为厉：用漆涂遍全身，生满癞疮。厉，通『癞』。②无此：没有超过这个的。

译文

豫让又在全身涂满了漆生满癞疮，又刮掉了胡须眉毛，自毁容貌，扮成乞丐沿街行讨。他的妻子都认不出来他了，说：『此人样貌不像我的丈夫，为何声音如此相像呢？』于是豫让又吞食火炭把声音变哑了。他的朋友对他说：『您这样做太难了，但是却没有什么功效。说你有志气吧，的确是这样；但是说您很聪慧，那就不对了。凭你的才干去尽心侍奉赵襄子，赵襄子必然会对你很亲近信任，一旦您能够亲近赵襄子了，你就可以随心所欲的做事，这样很容易而且会有功效。』豫让笑了笑回答道：『这是为了先前知遇之恩报复现在的知遇之恩，为了先前的君王而杀害如今的新君。没有什么比这对君臣大义的扰乱更严重的了。我这样做，就是为了昭显君、臣之间的大义，并非是因为容易才这样做。况且委身侍奉他人，又想杀了他，这是怀有二心去臣侍他。我觉得很难的事情，也就是愧对天下后世，身为人臣却怀有二心。』

原文

居顷之，襄子当出，豫让伏所当过桥下。襄子至桥而马惊，襄子曰：『此必豫让也。』使人问之，果豫让。于是赵襄子面数豫让曰：『子不尝事范、中行氏乎？知伯灭范、中行氏，而子不为报仇，反委质事知伯。知伯已死，子独何为报仇之深也？』豫让曰：『臣事范、中行氏，范、中行氏以众人遇臣，臣故众人报之；知伯以国士遇臣，臣故国士报之。』襄子乃喟然叹泣曰：『嗟乎！豫子！豫子之为知伯，名既成矣，寡人舍子，亦以①足矣。子自为计，寡人不舍子。』使兵环之。

注释

①以：通「已」，已经。

译文

过了不久，赵襄子恰巧要外出巡视，豫让就蹲伏在赵襄子必然要经过的桥下。赵襄子到了桥边的时候，马突然受惊，赵襄子说：「这个人必定是豫让。」就派人查问，果然就是豫让。于是赵襄子就当面数落豫让说：「你不是也曾经臣侍过范氏和中行氏吗？知伯杀了范氏和中行氏，你不仅没有替他们报仇，反而委身侍奉知伯。现在知伯已经死了，你为什么独独为知伯报仇之心如此迫切呢？」豫让回答说：「我臣侍范氏和中行氏的时候，范氏和中行氏只把我当成普通人，因此我也只像普通人一样回报他们；但是知伯却将我视作国家义士，因此我也用国家义士的方式回报他。」于是赵襄子长叹一声说：「哎呀！豫让啊，你这样对待知伯，你的声名已成。而我对你也已经仁至义尽了。你自己打算一下吧，我不会再放了你了！」赵襄子就让卫士包围了豫让。

原文

豫让曰：『臣闻明主不掩[①]人之义，忠臣不爱[②]死以成名。君前已宽舍臣，天下莫不称君之贤。今日之事，臣故[③]伏诛，然愿请君之衣而击之，虽死不恨。非所望也，敢布腹心。』于是襄子义之，乃使使者持衣与豫让。豫让拔剑三跃，呼天击之曰：『而可以报知伯矣。』遂伏剑而死。死之日，赵国之士闻之，皆为涕泣。

注释

①掩：阻挡。②爱：吝惜。③故：通「固」，原本。

译文

豫让说：「我曾听闻圣明的君主不阻碍别人的忠义之行，忠诚的臣子为了成就名节不会吝惜生命。您之前已经饶恕过我了，天下没有人不称颂您的贤明。今天的事，我原本应该伏法被诛，但是我请求您把王袍赐予我，让我刺击几下，这样虽然我要死了但是也没有什么遗憾了。没有别的什么奢望，故敢于言说心事。」于是赵襄子为了使豫让成就义气，就让人把衣服拿给豫让。豫让拔出佩剑，跳跃了三次，仰天长叹用剑刺穿衣袍：「我终于可以回报知伯了！」说完就伏剑自杀了。豫让死的那天，赵国的忠义之士听说这件事后，都为他哭泣。

苏秦说李兑

苏秦说李兑曰：「雒阳[1]乘轩里苏秦，家贫亲[2]老，无罢车驽马，桑轮蓬箧，羸縢，负书担橐[3]，触尘埃，蒙霜露，越漳、河，足重茧，日百而舍，造外阙，愿见于前，口道天下之事。」李兑曰：「先生以鬼之言见我则可，若以人之事，兑尽知之矣。」苏秦对曰：「臣固[4]以鬼之言见君，非以人之言也。」李兑见之。

注释

①雒阳：即洛阳。②亲：父母双亲。③橐：口袋的一种。④固：原本。

译文

苏秦对李兑说：『洛阳乘轩里苏秦，家境贫寒，双亲年迈，既没有破车劣马，也没有桑树做的车轮和蓬蒿编的车厢。只好打着绑腿穿着草鞋，背着书箱担着行囊，白天顶着尘土赶路，夜里冒着露珠睡觉，渡过了漳水、黄河，脚上磨起了一层层的茧子，每日行走百里才能休息，这样来到了宫阙之外，希望能够得到接见，亲自述说天下的大事。』李兑说：『先生和我谈论鬼事倒还可以，如果谈人间的事，我全都知道了。』苏秦回答说：『我本来就想跟您谈论鬼事，不谈人间的事。』李兑接见了苏秦。

原文

苏秦曰：『今日臣之来也暮，后郭门，藉席无所得，寄宿人田中，旁有大丛①。夜半，土梗与木梗斗曰：「汝不如我，我者乃土也。使②我逢疾风淋雨，坏沮，乃复归土。今汝非木之根，则木之枝耳。汝逢疾风淋雨，漂入漳、河，东流至海，泛滥无所止。」臣窃以为土梗胜也。今君杀主父③而族之，君之立于天下，危于累卵。君听臣计则生，不听臣计则死。』李兑曰：『先生就舍④，明日复来见兑也。』苏秦出。

注释

①丛：树丛。②使：假如。③主父：即赵武灵王。④就舍：到馆舍休息。

苏秦说：『今天我来晚了，城门已关闭，找不到投宿的地方，就睡在别人的田地里，旁边有个树丛。半夜时分，听到泥人和木偶在争吵，泥人说：「你不如我，我本来就是土做的，假如碰上急风大雨，我被毁坏了，就又回到土里。你不是树根，就是树枝做成的，你如果遇上疾风大雨，就会漂进漳水、黄河，冲到东边的大海里，然后随波逐流，不知被带到哪里去。」我私下里认为还是泥人说的对。现在您杀了赵武灵王，又灭了他同族的人，您所处的地位，比垒起来的鸡蛋还危险。您如果听我的话，那么还能活下去，如果不听我的话，就只有死路一条。』李兑说：『先生请到馆舍去休息，明天再来见我。』苏秦就出去了。

李兑舍人谓李兑曰：『臣窃观君与苏公谈也，其辩过君，其博过君，君能听苏公之计乎？』李兑曰：『不能。』舍人曰：『君即不能，愿君坚塞两耳，无听其谈也。』明日复见，终日谈而去。舍人出送苏君，苏秦谓舍人曰：『昨日我谈粗[①]而君动，今日精而君不动，何也？』舍人曰：『先生之计大而规高，吾君不能用也。乃我请君塞两耳，无听谈者。虽然，先生明日复来，吾请资[②]先生厚用。』明日来，抵掌而谈[③]。李兑送苏秦明月之珠，和氏之璧，黑貂之裘，黄金百镒。苏秦得以为用，西入于秦。

注释

①谈粗：粗略地谈论。②资：指资助。③抵掌而谈：即指两个人谈得十分投缘。

译文

李兑身边的人对李兑说：『我私下里注意您和苏秦的谈话，他的口才超过了您，他的博识也超过了您，您能听苏秦的计策吗？』李兑说：『不能。』李兑身边的人说：『您如果不打算听苏秦的话，就希望您堵住两只耳朵，不要听他讲话。』第二天，苏秦又来见李兑，整整谈了一天，然后离去。李兑身边的人出来送苏秦，苏秦对他说：『昨天我谈得很简略，奉阳君倒心有所动，今天我谈得很仔细，奉阳君却无动于衷，这是为什么？』李兑身边的人说：『您的计谋宏大而高深，我的主人不能采用，是我让他堵住两耳，不听您讲话。虽然如此，您明天还来，我能让他资助您足够的资财。』第二天苏秦又来了，两个人谈得很投机。于是李兑送给苏秦夜明珠、和氏璧、黑貂大衣和黄金百镒。苏秦得到这些东西作为经费，往西到秦国去了。

苏秦为赵王使于秦

原文

苏秦为赵王使于秦，反[1]，三日不得见。谓赵王曰：『秦乃者[2]过柱山，有两木焉：一盖[3]呼侣，一盖哭。问其故，对曰：「吾已大矣，年已长矣；吾苦夫匠人且以绳墨[4]案规矩[5]刻镂我。」一盖曰：「此非吾所苦也，是故吾事[6]也；吾所苦夫铁钻然，自入而出夫人者。」今臣使于秦，而三日不见，无有谓臣为「铁钻」者乎？』

注释

①反：通『返』，返回。②乃者：以前，从前。③盖：大概。④绳墨：用来取直所用的工具。⑤规矩：用来取方所用的工具。⑥吾事：我的分内之事。

译文

苏秦为赵王前去出使秦国，苏秦从秦国返回以后回到赵国，一连过了三天，赵王都没有接见苏秦。苏秦便前去拜见赵王说：『我从前从柱山经过的时候，那里长有两棵树，一棵树大概是在呼唤伴侣，另一棵树大概是在哭泣。我问它们为什么如此，那棵哭泣的树对我说：「我已经长成大树了，工匠将要用绳墨对我进行裁锯，按照规矩对我进行雕刻，因此我感到十分痛苦。」另一棵则回答说：「我并不是以此为苦，这原本就是我的分内之事，让我感到痛苦的是，人们对待我的态度就像是钻木一样，想钻进去的时候就钻进去，想退出的时候就退出来。」如今我从秦国出使回来回到赵国，您一连过了三天也不召见我。难道不也是将我看做用来钻木的铁钻一样，想钻进的时候就钻进，想退出的时候就退出，任意地摆布我吗？』

苏秦从燕之赵始合从

原文

苏秦从燕之赵[①]，始合从，说赵王[②]曰：『天下之卿相人臣，乃至布衣之士，莫不高贤大王之行义，皆愿奉教陈忠于前之日久矣。虽然，奉阳君[③]妒，大王不得任事，是以外宾客游谈之士，无敢尽忠于前者。今奉阳君捐馆舍[④]，大王乃今然后得与士民相亲，臣故敢献其愚，效愚忠。

注释

①从燕之赵：苏秦为建立合纵盟约，先到燕国游说，之后又去赵国。②赵王：即赵肃侯。③奉阳君：赵王的弟弟。苏秦在去燕国之前，本打算先游说赵国，但遭到了奉阳君的冷遇，因此才先游说燕国。④今奉阳君捐馆舍：是奉阳君去世的含蓄表达。

译文

苏秦从燕国到赵国去，开始实行合纵，游说赵王说：『天下的公卿大臣以至平民百姓，没有一个不崇尚大王的品行道义，大家都愿意接受您的教化，为您效忠，这种想法已经很久了。虽然如此，但是以前奉阳君嫉贤妒能，而大王又不能乾纲独断，因此外来之客和游说之士没有人敢在大王面前表现忠心。现在奉阳君已死，大王从今以后就能和士人百姓亲近了，所以我才敢向大王进献我愚陋的见解和一片忠心。

『为大王计，莫若安民无事，请无庸有为也。安民之本，在于择交[1]。择交而得则民安，择交不得则民终身不得安。请言外患：齐、秦为两敌，而民不得安；倚秦攻齐，而民不得安；倚齐攻秦，而民不得安。故夫谋人之主，伐人之国，常苦出辞断绝人之交，愿大王慎无出于口也。

注释

①择交：选择邦交。

译文

『替大王考虑，不如使人民安定，不要有所作为。使人民安定的根本大计在于选择邦交。邦交选择得恰当就能使人民安定；邦交选择得不恰当，那么人民就不得安定。请让我说说赵国的外患：如果齐、秦两国都成为赵国的敌国，人民就得不到安宁；倚仗秦国去攻打齐国，人民得不到安宁；倚仗齐国去攻打秦国，人民也得不到安宁。所以那些想要图谋别人的君主、进攻别人的国家的人，总是冥思苦想地编造动听的话来断绝和人家的邦交。我希望大王要慎重，不要说出这样的话来。

原文

『请屏[1]左右，白言所以异，阴阳[2]而已矣。大王诚能听臣，燕必致毡裘狗马之地，齐必致海隅鱼盐之地，楚必致桔柚云梦之地，韩、魏皆可使致封地汤沐之邑，贵戚父兄皆可以受封侯。夫割地效实[3]，五伯[4]之所以覆军禽[5]将而求也；封侯贵戚，汤、武[6]之所以放杀而争也。今大王垂拱[7]而两有之，是臣之所以为大王愿也。

注释

①屏：屏退。②阴阳：在此暗指合纵与连横。③实：财富。④五伯：指春秋五霸，即齐桓公、晋文公、宋襄公、楚庄公、秦穆公。⑤禽：通『擒』，擒获。⑥汤、武：即商汤、周武。⑦垂拱：垂手拱手，即指非常容易，不费力气。

译文

『请让左右的人回避，让我说明合纵与连横的利害关系。大王果真能听从我的忠告，燕国一定会献出盛产毡裘狗马的土地，齐国一定会献出盛产鱼盐的海湾，楚国一定会献出盛产橘柚的云梦泽，韩国和魏国都可以让它们献出封侯之地和汤沐之邑，您的父兄和贵戚都可以接受封侯。夺取土地，获得财富，这是春秋五霸不惜军队覆灭、将领被擒而所追求的；贵戚得以封侯，这是商汤、周武用流放夏桀、杀死殷纣的手段才争得的。现在大王不费心力就可以兼而有之，这是我替大王所希望得到的。

原文

『大王与秦，则秦必弱韩、魏；与齐，则齐必弱楚、魏。魏弱则割河外，韩弱则效①宜阳。宜阳效则上郡②绝，河外割则道不通。楚弱则无援。此三策者，不可不熟③计也。夫秦下轵道④则南阳动，劫韩包周则赵自销铄⑤，据卫⑥取淇⑦则齐必入朝。秦欲已得行于山东，则必举甲而向赵。秦甲涉河逾漳⑧，据番吾，则兵必战于邯郸之下矣。此臣之所以为大王患也。

注释

①效：指献出。②上郡：一说为上党。③熟：仔细。④轵道：位于今陕西咸宁一带。⑤销铄：削弱。⑥卫：位于今河南濮阳一带。⑦淇：即淇城。⑧涉河逾漳：渡过黄河，越过漳水。河，专指黄河；漳，漳水。

译文

"大王如果支持秦国，那么秦国一定会去削弱韩国和魏国；如果支持齐国，那么齐国一定会削弱楚国、魏国。魏国被削弱就免不了割让河外，韩国被削弱就免不了献出宜阳。献出宜阳，那么上党就会面临绝境；割让河外，那么通往上党的道路就会断绝；楚国被削弱，那么赵国就失去了援助。这三方面的对策，不能不仔细地筹划。秦国攻取轵道，那么南阳就危险；威逼韩国，包围周都，那么赵国就会自己削弱；占据卫国，夺取淇城，那么齐国就一定向秦国称臣。秦国的贪欲既已从山东各国得到满足，那么就一定发兵进攻赵国。秦国军队渡过黄河，越过漳水，占据番吾，那么秦、赵两国的军队就一定要在邯郸城下交战了。这是我替大王所忧虑的。

原文

"当今之时，山东[①]之建国，莫若赵强。赵地方二千里，带甲数十万，车千乘，骑万匹，粟支十年；西有常山，南有河、漳，东有清河，北有燕国。燕固弱国，不足畏也。且秦之所畏害于天下者，莫如赵。然而秦不敢举兵甲而伐赵者，何也？畏韩、魏之议其后也。然则韩、魏，赵之南蔽[②]也。秦之攻韩、魏也，则不然。无有名山大川之限，稍稍蚕食之，傅之国都而止矣。韩、魏不能支[③]秦，必入臣。韩、魏臣于秦，秦无韩、魏之隔，祸中于赵矣。此臣之所以为大王患也。

注释

①山东：崤山以东。②蔽：屏障。③支：应付。

译文

『当前，崤山以东的国家没有比赵国更强大的了。赵国的领土纵横两千里，战士数十万，战车千辆，战马万匹，粮食能支持十年；西面有恒山，南面有黄河、漳水，东面有清河，北面有燕国。燕国本来是个弱国，不值得害怕。秦国在诸侯中所畏忌的莫过于赵国。然而秦国不敢发兵攻打赵国的原因是什么呢？担心韩国和魏国在背后暗算它。既然如此，那么韩国和魏国就是赵国南面的屏障了。秦国攻打韩国和魏国却不是这样的，韩、魏没有名山大川等险地，秦国可以慢慢地蚕食它们，直到逼近它们的国都才算完。韩、魏不能对付秦国，就一定会向秦国称臣；秦国没有韩、魏两国的阻隔，那么战祸就会落到赵国头上了。这是我替大王所忧虑的。

原文

『臣闻，尧无三夫之分，舜无咫尺之地，以有天下。禹无百人之聚，以王诸侯。汤、武之卒不过三千人，车不过三百乘，立为天子。诚得其道也。是故明主外料其敌国之强弱，内度①其士卒之众寡、贤与不肖，不待两军相当，而胜败存亡之机节，固已见于胸中矣，岂掩于众人之言，而以冥冥②决事哉！

注释

①度：忖度，估测。②冥冥：昏暗，在此指不清楚，糊涂。

译文

『我听说，尧的领地不足三百亩，舜没有尺寸之地，但他们拥有了天下；禹没有百人的村落，却统领了天下诸侯。商汤、周武的士卒不过三千人，战车不过三百辆，却做了天子。这是因为他们确实掌握了一定的方法。所以圣明的君主对外能预测他的敌国的强弱，对内能估量他的士兵数量及素质的优劣，不等两军对垒，对于决定胜败存亡的关键所在就早已成竹在胸了，难道能被众人的言论所蒙蔽，稀里糊涂地去决定大事吗？

原文

『臣窃以天下地图案之。诸侯之地五倍于秦，料诸侯之卒，十倍于秦。六国并力为一，西面而攻秦，秦破必矣。今见破于秦①，西面而事②之，见臣于秦。夫破人之与破于人也，臣人之与臣于人也，岂可同日而言之哉！夫横人者③，皆欲割诸侯之地以与秦成。与秦成④，则高台榭、美宫室，听竽瑟之音，察五味之和，前有轩辕，后有长庭，美人巧笑，卒有秦患，而不与其忧。是故横人日夜务以秦权恐吓诸侯，以求割地。愿大王之熟计之也。

注释

①见破于秦：指被秦国所打败。②事：事奉，臣奉。③横人者：主张连横的人。④与秦成：与秦国联盟。

译文

『我私下里根据天下地图来考察，诸侯六国的土地五倍于秦国，估计六国的士兵十倍于秦国。六国齐心协力结为一体，向西攻打秦国，秦国一定能被打败。现在却被秦国打败，向西侍奉秦国，臣服于秦国。打败别人和被别人打败，让别人向自己称臣和自己向别人称臣，怎么能同日而语呢？主张连横的人，都想割让各国的土地来和秦国讲和，和秦国讲和就能把楼台亭阁建得更高大，把房屋修得更华丽，每天听优美的音乐，品尝美味的佳肴，前面有华丽的马车，后面有长庭，美女在其间娇声嬉笑。一旦遭受秦国的祸害，他们却不分担诸侯的忧患。所以那些讲连横的人整天凭借着秦国的威势恐吓诸侯，以求得割地。希望大王认真考虑这个问题。

原文

『臣闻，明王绝疑去谗[1]，屏流言之迹，塞[2]朋党之门，故尊主广地强兵之计，臣得陈忠于前矣。故窃为大王计，莫如一[3]韩、魏、齐、楚、燕、赵，六国从亲[4]，以傧畔[5]秦。令天下之将相，相与会于洹水之上，通质[6]刑白马以盟之。

注释

①绝疑去谗：排除疑惑，摒弃谗言。②塞：堵塞，塞住。③一：与之保持一致。④从亲：合纵，建立友好邦交。从，通『纵』。⑤傧畔：排斥背叛。畔，通『叛』。⑥通质：互相交换人质。

译文

『我听说，圣明的君主善于排除疑惑，摒弃谗言，抵制流言的影响，堵塞朋党的门路，这样尊显君主、开拓疆土、增强兵力的计策，才得以向君主陈述。所以私下里替大王考虑，不如联合韩、魏、齐、楚、燕、赵，六国合纵相亲，以抗拒秦国。号令天下的将相在洹水之滨一起盟会，交换质子，宰杀白马举行盟约。

原文

『约[①]曰：秦攻楚，齐、魏各出锐师以佐[②]之，韩绝食道，赵涉河、漳，燕守常山之北。秦攻韩、魏，则楚绝其后，齐出锐师以佐之，赵涉河、漳，燕守云中。秦攻齐，则楚绝其后，韩守成皋，魏塞午道，赵涉河、漳、博关，燕出锐师以佐之。秦攻燕，则赵守常山，楚军武关，齐涉渤海，韩、魏出锐师以佐之。秦攻赵，则韩军宜阳，楚军武关，魏军河外，齐涉渤海，燕出锐师以佐之。诸侯有先背约者，五国共伐之。六国从亲以摈秦，秦必不敢出兵于函谷关以害山东矣！如是则伯业[③]成矣！』

注释

①约：盟约。②佐：辅佐。③伯业：霸业。

译文

『共同订立盟约说：秦国如果攻打楚国，齐国和魏国各自出动精锐部队援助楚国，韩国就断绝秦国运送粮食的通道，赵国就渡过黄河、漳水，燕国就守住恒山北面的地带。秦国如果攻打韩国和魏国，那么楚国就切断秦军的后路，齐国就派出精锐部队援助韩国和魏国，赵国就渡过黄河、漳水，燕国守卫云中。秦国如果攻打齐国，那么楚国就切断秦国的后路，韩国守卫成皋，魏国把守午道，赵国渡过黄河、漳水，开往博关，燕国派出精锐部队来援助齐国。秦国如果攻打燕国，那么赵国就守卫常山，楚国驻军武关，齐国沿渤海而上，韩国和魏国派出精锐部队去援助燕国。秦国如果攻打赵国，那么韩国就驻军宜阳，楚国驻军武关，魏国驻军河外，齐国沿渤海而上，燕国派精锐部队来支援赵国。诸侯有先背弃盟约的，其他五国就联合起来讨伐它。六国合纵相亲来排斥秦国，秦国一定不敢从函谷关出兵来危害山东六国了。如果这样，那么就可以成就霸王大业了。』

原文

赵王曰：『寡人年少，莅[①]国之日浅，未尝得闻社稷之长计。今上客有意存天下，安诸侯，寡人敬以国从。』乃封苏秦为武安君，饰车百乘，黄金千镒，白璧百双，锦绣千纯，以约诸侯。

注释

①莅：执掌。

译文

赵王说：『我年纪轻，执掌国政的时间短，不曾听说过使国家长治久安的计谋。现在贵客有意保全天下，安定诸侯，我愿意让整个国家听从您的安排。』于是封苏秦为武安君，让他带上有文饰的车子百辆，黄金千镒，白璧百双，锦绣千匹，去邀结诸侯。

张仪为秦连横说赵王

原文

张仪为秦连横，说赵王曰：『弊邑秦王使臣敢献书于大王御史[①]。大王收率天下以傧[②]秦，秦兵不敢出函谷关十五年矣。大王之威，行于天下山东。弊邑恐惧慑伏[③]，缮甲厉兵[④]，饰车骑，习驰射，力田积粟，守四封之内，愁居慑处，不敢动摇，唯大王有意督过[⑤]之也。

注释

①大王御史：暗指赵王。②傧：抵抗。③慑伏：十分害怕，伏在地上。④缮甲厉兵：修缮铠甲磨快兵器。缮，修缮。⑤督过：监督过错。

译文

张仪替秦国推行连横主张，到赵国游说赵王说：『敝国君王派臣贸然来上书给大王的御史。大王率领天下诸侯抗拒秦国，致使秦军十五年不敢出函谷关，而大王的威力通行于天下和崤山以东六国。我秦国对此非常恐惧，于是便修缮铠甲磨快兵器，整顿战车，苦练骑射，辛勤耕种，增加生产，严守四面边疆，过着忧愁恐惧的日子，不敢轻举妄动，只等着大王有心来指责我们的过错。

原文

『今秦以大王之力，西举巴蜀，并汉中，东收两周而西迁九鼎，守白马之津。秦虽辟①远，然而心忿悁含怒②之日久矣。今宣君③有敝甲钝兵，军于渑池，愿渡河逾漳，据番吾，迎战邯郸之下。愿以甲子之日④合战，以正殷纣之事。敬使臣先以闻于左右。

注释

①辟：通『僻』，指偏僻。②心忿悁含怒：心中十分怨恨恼怒。③宣君：一说应为寡君。④甲子之日：周武王讨伐纣王得胜之日。

译文

『如今秦国仰仗大王的威力，西边收复巴蜀，吞并汉中，东边征服东、西两周，把象征天子的九鼎运移到西方，镇守白马渡口。秦国虽然偏远，但是心中却怨恨恼怒很久了。如今秦王有破烂的铠甲和磨钝的兵器，军队驻扎在渑池，希望渡过黄河与漳水占领番吾，到邯郸城下请你们迎战，希望在甲子之日和贵国作战，以仿效武王伐纣的故事。所以秦王才派臣恭敬地奏报大王左右。

原文

凡大王之所信以为从者，恃[①]苏秦之计。荧惑[②]诸侯，以是为非，以非为是，欲反覆齐国而不能，自令车裂于齐之市。夫天下之不可一亦明矣。

注释

①恃：倚仗、倚恃。②荧惑：蒙惑，蛊惑。

译文

一般说来，大王之所以信奉并推行合纵的主张，不过是仗着苏秦的计谋。苏秦蒙惑诸侯，颠倒是非黑白，但是苏秦想要推翻齐国却没有成功，结果反而为自己招来杀身之祸，在齐国被处以五马分尸的酷刑。由此看来，天下显然是不能联合为一的。

原文

今楚与秦为昆弟之国[①]，而韩、魏称为东蕃之臣，齐献鱼盐之地，此断赵之右臂也。夫断右臂而求与人斗，失其党而孤居，求欲无危，岂可得哉？今秦发三将军，一军塞午道，告齐使兴师度清河，军于邯郸之东；一军军于成皋，驱韩、魏而军于河外；一军军于渑池。约曰：四国为一以攻赵，破赵而四分其地。

注释

①昆弟之国：像兄弟一样亲近的国家。

译文

『现在楚国和秦国是兄弟之邦，韩、魏也自称是秦国的东方之臣，齐国献出鱼盐之地，如此就等于切断了赵国的右臂。而一个被割断右臂的人，再来和人搏斗，就觉得势单力薄，所以要想没有危险，那根本是不可能的。如今秦国派出三名大将各率一军，一路军队封锁午道，并且命令齐国派兵渡过清河，列阵在赵都邯郸之东；一路军队驻扎在韩国的成皋，指挥韩、魏之军，列阵在魏国的河外；另一路军队驻扎在渑池。我们发誓说：「四国团结一致攻打赵国，破赵以后由四国瓜分赵国领土。」

原文

『是故不敢匿①意隐情，先以闻于左右②。臣窃为大王计，莫如与秦遇于渑池，面相见而身相结也。臣请案兵无攻，愿大王之定计。』

注释

①匿：指隐匿，隐藏。②左右：指近臣。

译文

『臣不敢隐瞒这种情形，首先告诉大王左右的侍臣。经臣私下替大王谋划，大王不如和秦王在渑池地方相会，会见以后就可交换意见联络感情。臣可以请秦兵暂时停止进攻，恳请大王迅速决定方略。』

原文

赵王曰：『先王[①]之时，奉阳君相，专权擅势，蔽晦先王，独制官事。寡人宫居，属于师傅，不能与国谋。先生弃群臣，寡人年少，奉祠祭之日浅，私心固窃疑焉。以为一从不事秦，非国之长利也。乃且愿变心易虑，剖地[②]谢前过以事秦。方将约车趋行，而适闻使者之明诏。』于是乃以车三百乘入朝渑池，割河间以事秦。

注释

①先王：在此指赵肃侯。②剖地：割地。

译文

赵王说：『先王在位时，任命奉阳君为宰相，他为人专权跋扈，蒙骗先王，一人独断专行，而寡人当时在深宫中读书，根本不能参与朝政。当先王丢下君臣离开人间时，寡人年龄很小，亲政的日子自然很短，内心本来非常疑惑，认为联合诸侯订立合纵之盟抗拒秦国，根本不是治国安邦的长久之计，就立即改变计划，割让土地给秦国补偿原来的过失。正准备车马要到秦国去时，恰好使者也在这时拿着秦王诏令来到赵国。』于是赵王就率领三百辆战车到渑池去朝见秦王，又把河间之地献给了秦国。

武灵王平昼闲居

原文

武灵王平昼[①]闲居，肥义[②]侍坐，曰：『王虑世事之变，权甲兵之用，念简、襄[③]之迹，计胡、狄之利乎？』

注释

①平昼：平日里。②肥义：赵国的臣子。③简、襄：指先王赵简子、赵襄子。

译文

赵武灵王平日里没事的时候闲坐着，肥义陪坐。肥义说：『大王您是否想过世间形势的变化，权衡过甲兵该如何使用，想念过简主和襄主的光辉业绩，谋划过怎样从胡、狄那里获得利益呢？』

原文

王曰：『嗣立不忘先德，君之道也；错质务明主之长，臣之论也。是以贤君静而有道民便事之教，动有明古先世之功。为人臣者，穷[①]有弟长辞让之节，通有补民益主之业。此两者，君臣之分也。今吾欲继襄主之业，启胡、翟之乡，而卒世不见也。敌弱者，用力少而功多，可以无尽百姓之劳，而享往古之勋。夫有高世之功者，必负遗俗之累；有独知之虑者，必被庶人之恐。今吾将胡服骑射以教百姓，而世必议寡人矣。』

注释

①穷：在此指不得志。

译文

赵武灵王回答说：『继承王位不忘记先王的遗德，这是君王的基本道理；委身于君主，使君主的功勋得以发扬，这是做臣子们的道理。因此圣贤的国君在没事的时候就要对人民进行为国出力的教育，有战争的时候要昭显古代的功绩。身为臣子的人，即使在不得志之时也要具有尊老谦让的节操，官运亨通之时要对人民和国君有所裨益。这两者就是君主和臣子的本分。如今我想要继续开拓襄主的事业，扩展胡、翟地区，但是到现在为止还没有成效。胡翟之地兵力薄弱，不用花费很大的力气就能取得较多的功业，百姓不必费尽辛劳，就能获得媲美先人的功勋。拥有很大功绩的人，一定会被世俗牵累；有独特思想的人，一定会被普通人所怨恨。如今我打算教育百姓穿胡服练习骑射，世人也必定会非议我。』

原文

肥义曰：『臣闻之，疑事无功，疑行无名。今王即定负遗俗之虑，殆毋顾天下之议矣。夫论至德者不和于俗，成大功者不谋于众。昔舜舞有苗[①]，而禹袒入裸国，非以养欲而乐志也，欲以论德而要功也。愚者暗于成事，智者见于未萌，王其遂行之。』王曰：『寡人非疑胡服也，吾恐天下笑之。狂夫之乐，知者哀焉；愚者之笑，贤者戚焉。世有顺我者，则胡服之功未可知也。虽驱世以笑我，胡地中山吾必有之。』

注释

①有苗：即三苗，上东南方的少数民族部落。

肥义说：『我曾听闻，处理事情犹豫不决就会无法成功，行动迟疑不定就不会成就功名。如今大王既然已经决定背弃世俗的想法，那就不要再考虑天下人的非议了。凡是讨论最高尚的德的人必定不会和俗人相同；建立丰功伟绩的人都不会和众人进行商议。昔日舜跳苗族的舞蹈，禹裸露着身子进入裸身的部落，并不是因为想要放纵情欲，怡乐心志，而是因为想要宣扬道德，立下功绩。愚蠢之人在事情完成之后还搞不清楚，聪慧之人在事情还没有发生之前就洞悉了，大王您还是赶紧施行吧。』赵武灵王说：『我并非是疑虑「胡服骑射」，而是害怕天下人嘲笑我。轻狂之人所快乐的事，智慧之人却会悲哀；愚蠢之人为之兴奋的事，贤明者却会忧心。倘若有支持我的世人，那么改穿胡服的功绩就无法估量。即使所有的人都嘲笑我，我也一定要占有胡地中山这块土地。』

王遂胡服。使王孙绁[1]告公子成[2]曰：『寡人胡服，且将以朝，亦欲叔之服之也。家听于亲，国听于君，古今之公行也；子不反亲，臣不逆主，先王之通谊也。今寡人作教易服而叔不服，吾恐天下议之也。夫制国有常而利民为本，从政有经而令行为上。故明德在于论贱，行政在于信贵。今胡服之意非以养欲而乐志也。事有所出，功有所止。事成功立，然后德且见也。今寡人恐叔逆从政之经，以辅公叔之议。且寡人闻之，事利国者行无邪，因贵戚者名不累。故寡人愿募[3]公叔之义以成胡服之功。使绁谒之叔，请服焉。』

注释

①王孙绁：为赵国的臣子。②公子成：赵武灵王的叔父。③慕：通『慕』。

译文

于是武灵王就改穿胡服，并派王孙绁去对公子成说：『我已经穿上了胡服，并且将要身着胡服上朝，我想要王叔您也能穿上胡服。在家服从父母，在国家服从君王，这是古往今来都要遵循的原则；孩子不可以违抗父母，大臣不能违逆君主，这是先王一直通用的规则。倘若现在我下令更改服装，王叔您不服从的话，我害怕天下之人会议论此事。治理国家要有法度，并且要以利民为根本；从事政事要有规则，并且要以政令能够很好地执行为最根本的规则。因此昭显德政关键在于对地位卑贱的民众有益，执行政令关键在于使显贵之人服从。如今我改穿胡服，并非为了放纵情欲，怡乐心志。事业有所始，功绩有所成。事业成就功名树立德政就会显现出来。如今我害怕王叔违逆了从政的规则，所以才帮助您分析一下。并且我曾听闻，只要做的是对国家有益的事，你的行为就不会歪斜，通过贵族行事，就不会招致非议。因此我想要仰慕王叔的高义，建立改穿胡服的功勋。因此特意派王孙绁拜见王叔，希望您能够改穿胡服。』

原文

公子成再拜曰：『臣固闻王之胡服也，不佞[①]寝疾，不能趋走，是以不先进。王今命之，臣固敢竭其愚忠。臣闻之，中国者，聪明睿知之所居也，万物财用之所聚也，贤圣之所教也，仁义之所施也，《诗》、《书》、《礼》、《乐》之所用也，异敏技艺之所试也，远方之所观赴也，蛮夷之所义行也。今王释

此，而袭远方之服，变古之教，易古之道，逆人之心，畔[2]学者，离中国，臣愿大王图之。』

注释

①不佞：不才，是一种谦虚的表达。②畔：通『叛』，背叛。

译文

公子成又一次地拜谢说：『我原本就听闻大王已经改穿胡服了，只是因为我不才，卧病在床，不能快走，所以才没有赶快去进见大王。如今大王既已给我下了命令，我因此才敢尽一下我的愚忠。我曾听闻，中原地区，是聪明而有睿智的人的生活居住之所，是万物钱财积聚的地方，是贤圣之人训教的地方，是仁义道德实施的地方，是学习《诗》、《书》、《礼》、《乐》并加以运用的地方，是施展奇思巧艺的地方，是远方之人前来观摩学习的地方，是蛮夷之地人民效仿的地方。如今大王却丢弃这些，改穿遥远偏僻的部落的服装，这是变更古代的教育，改变古代的原则，违逆人民的心意，背弃了所学的东西，遗弃了中原的文化。我恳请大王仔细考虑此事。』

原文

使者报王。王曰：『吾固闻叔之病也。』即之公叔成家自请之曰：『夫服者，所以便用也；礼者，所以便事也。是以圣人观其乡而顺宜，因其事而制礼，所以利其民而厚其国也。被发文身，错臂左衽，瓯越之民也。黑齿雕题[1]，鳀冠秫缝[2]，大吴之国也。礼服[3]不同，其便一也。是以乡异而用变，事异而处易。是故圣人苟可以利其民，不一其用；果可以便其事，不同其礼。

注释

①黑齿雕题：把牙齿染黑，在额头上雕饰。题，指额头。②鳀冠秫缝：鳀，是一种体积很大的鱼类。秫缝，很粗糙的缝制。③礼服：礼法和服装。

译文

王孙绁就把王叔的话禀报给了赵王。赵王说：『我原本就听闻王叔病了。』于是就立刻赶往王叔公子成家，亲自对公子成说：『衣服，是为了穿着方便，礼仪，是为了方便做事。所以古代的圣贤都在考察当地习俗之后才制定适宜的举措，按照当地的实际情况来拟定礼仪制度，因为这样既对人民有利，又能使国家获益。散发文身，两臂交错，衣襟在左边，这是瓯越人的民风习俗。把牙齿染黑，在额头上雕饰，头上戴着鱼皮帽，身上穿着粗拙缝制的衣服，这是大吴国的民风习俗。虽然礼仪和衣服不一样，但是能够得到便利这一点却是相同的。这样由于地方不同，民风习俗就也会不同，情况不一样，处理事情的礼制也会发生改变。所以圣贤的君主倘若是能给百姓带来好处的，他们就不会统一习俗；假使能够对行事有所便利，就决不实行同样的礼制。

原文

『儒者一师而礼异，中国同俗而教离，又况山谷之便乎？故去就①之变，知者不能一；远近之服，贤圣不能同。穷乡多异，曲学多辩。不知而不疑，异于己而不非者，公于求善也。今卿之所言者，俗也。吾之所言者，所以制俗也。今吾国东有河②、薄洛之水，与齐、中山同之，而无舟楫之用。自常山以至代、上党，东有燕、东胡之境，西有楼烦、秦、韩之边，而无骑射之备。故寡人且聚舟楫之用，求水居之民，以守河、薄洛之水；变服骑射，以备其燕、三胡、秦、韩之边。且昔者简主不塞晋阳以及上党，而襄主兼戎取代，以攘诸胡，此愚知之所明也。先时中山负齐之强兵，侵掠吾地，系累吾民，引水围鄗，非社稷之神灵，即鄗几不守。先王忿之，其怨未能报也。今骑射服，近可以备上党之形，远可以报中山之怨。而叔也顺中国之俗以逆简、襄之意，恶变服之名，而忘国事之耻，非寡人所望于子！』

注释

①去就：指舍弃和接受。②河：特指黄河。

译文

『儒生虽然出自同一个老师，但是所奉行的礼法却不一样；中原地区虽然风俗一样，但是教化却不相同，更何况是偏僻深山中的民风习俗呢？因此对于民风习俗的舍弃还是接受它的变化，即使是智者也不能只采用一种；远近的服装，即使是圣贤之人也无法使其统一。偏僻的地方就会有很多怪异的习俗，斜僻的学说很爱狡辩。对于不明白的事情不要随便怀疑，不随便对和自己不一样的事物进行非议，这样才能无私地求善。如今您所说的，只是普通人的看法；而我所说的，正是要改变这些平常的看法。如今在我们赵国的东边有黄河与漳水，我们与齐国、中山国共同拥有它们，但是我们却没有战船可以使用。从常山到代郡、上党郡一带，我们的东面有燕国和东胡相邻，西面又和楼烦、秦国、韩国接壤，但是我们却没有骑兵部队进行防备。因此我才打算制造战船，招集生活在水上的人，用来守护黄河与漳水；改穿胡服，学习骑射之术，用来防守与燕、三胡、秦国、韩国接壤的边境。昔日先王简主不将自己局限于晋阳和上党，先王襄主又兼并了戎狄，攻取了代郡，以此攘除胡人，这是愚笨的人和智者都能明白的。以前中山国依持着齐国强大的兵力，侵略我们赵国的国土，掳掠我们的百姓，把水引进来淹灌鄗城，倘若没有社稷神灵的佑护，鄗城几乎就要防守不住了。先王十分愤怒，到现在还未能报仇。如今穿胡服练骑射，从近处说可以守护上党这样的地形；从长远来说可以把当年中山的仇给报了。但是王叔您却先要沿袭中原地区的习俗，违逆先王简主和襄主的意愿，仇视改穿胡服的策略，却忘了国家的耻辱，这并不是我对您的期望啊！』

原文

公子成再拜稽首曰：『臣愚不达于王之议，敢道世俗之闻。今欲继简、襄之意，以顺先王之志，臣敢不听令。』再拜。乃赐胡服。

赵文进谏曰：『农夫劳而君子养焉，政之经也；愚者陈意而知者论焉，教之道也；臣无隐忠，君无蔽言，国之禄[1]也。臣虽愚，愿竭其忠。』王曰：『虑无恶扰，忠无过罪，子其言乎！』

注释

①禄：福禄，福气。

译文

王叔公子成再次叩拜稽首，说道：『我很愚笨不能领会大王的谋略，因此才敢说出世俗之见。如今大王打算继承先王简主和襄主的意愿，以顺应先王的遗志，我今天怎能不听从呢！』公子成又拜了拜。于是武灵王就赐给了公子成一套胡服。

赵文向武灵王进谏说：『农夫辛苦的劳作，君子进行管理，这是治理政事的根本原则；愚钝之

人陈述看法，智慧之人进行最后决策，这是进行教育的方法；臣子不向君王隐瞒逆耳的进忠之言，君主不使进谏之路受到阻塞，这是国家社稷之福气。虽然我很愚钝，但是我依然想要竭尽自己的忠诚。』

武灵王说：『一个人如果意志坚定就不会被邪恶所扰乱，如果忠心耿耿就不会有什么罪过，您还是直说吧。』

原文

赵文曰：『当[①]世辅俗，古之道也；衣服有常，礼之制也；修[②]法无愆，民之职也。三者先圣之所以教。今君释此，而袭远方之服，变古之教，易古之道，故臣愿王之图之。』王曰：『子言世俗之闻。常民溺于习俗，学者沉于所闻，此两者所以成官而顺政也，非所以观远而论始也。且夫三代不同服而王，五伯不如教而政。知者作教，而愚者制焉；贤者议俗，不肖者拘焉。夫制于服之民不足与论心，拘于俗之众不足与致意[③]。故势与俗化而礼与变俱，圣人之道也。承教而动，循法无私，民之职也。知学之人，能与闻迁；达于礼之变，能与时化。故为己者不待人，制今者不法古，子其释之。』

注释

①当：随着。②修：遵循。③致意：说明意图。

译文

赵文说：『适应世道顺从民风民俗，这是古时就已经存在的规则；衣服有固定的样式，这是自古以来礼法的约定；遵守法律没有罪过，这是人民的职责，这三者是古时先贤对人们的教导。如今君王您抛弃这些，改穿处于遥远之地胡人的衣服，变更古时的教导，变革古时的道理，因此我希望大王您能够仔细考虑此事。』赵武灵王说：『您的话只是世俗之所见。一般的人往往会沉溺于旧俗，读书之人又往往拘泥于有限的见闻，这两类人只会做官、听从命令，无法高瞻远瞩，进行始创。夏、商、周三代所穿着的服装虽然不同但却都称王于天下；春秋五霸虽然政教不同但却使得国家大治。智慧之人制订法令，愚钝之人只能为法令所约束；圣贤之士讨论习俗，没有才能的人只能被旧的习俗约束。那些被旧的习俗礼法所约束的人，不值得与之交心；那些世俗之见的民众，不值得向他们讲明你的意图。因此习俗要随着时势发生变化，礼法要和变化相一致，这是圣贤之人治国的法则啊！接受教育并能加以变通，遵守法制公正无私，这才是百姓的天职啊。真正的智慧善学之人能随着见闻的不同改变看法；真正通晓礼法的人，能够随着时势的变化而改变。所以说为自己做事不用等待别人，治理当今世事的人不用完全效法古代，您还是不要再提此事了！』

赵造谏曰：『隐忠不竭，奸之属也。以私误国，贼①之类也。犯奸者身死，贼国者族宗。反②此两者，先圣之明刑，臣下之大罪也。臣虽愚，愿尽其忠，无遁其死。』王曰：『竭意不讳，忠也；上无蔽言，明也。忠不辟危，明不距人。子其言乎。』赵造曰：『臣闻之，圣人不易民而教，知者不变俗而动。因民而教者不劳而成功，据俗而动者虑径而易见也。今王易初不循俗，胡服不顾世，非所以教民而成礼也。且服奇者志淫，俗辟者乱民。是以莅国者不袭奇辟③之服，中国不近蛮夷之行，非所以教民而成礼者也。且循法无过，修礼无邪，臣愿王之图之。』

注释

①贱：一说应为贼，乱臣贼子。②反：应为衍文。③辟：通『僻』，怪僻。

译文

赵造又向赵武灵王劝谏道：『隐藏逆耳的忠言，不竭尽忠诚，这就等于是奸臣；为了个人利益贻误国事，这就等于是谋乱之臣。奸佞之人应当处死，危害国家之人要灭族。这两点，古代圣贤已经立下了很明确的刑罚，同时也是身为人臣所犯的最为严重的罪过了。我虽然很愚钝，但是我仍愿竭尽忠诚，不想躲避死亡。』赵王说：『没有任何隐讳地把意见全部都说出来，这是忠臣；君王不阻塞进谏，这是明主。忠诚之臣不躲避危险，圣明之主不拒绝大臣的进谏，您还是直说吧！』赵造说：『我曾听闻，圣人不会更改百姓的习俗，再对他们进行教化，智慧之人不会改变民俗，再采取行动。按照民俗进行教导，不用花费很多的劳苦就能获得成功；按照习俗采取行动，考虑问题很简单就会收到效果。如今大王您要变更原来的做法而不遵守习俗，改穿胡人的衣服还不顾及世人的非议，这不是教化百姓遵行礼法的方式。并且穿上奇异之装，会使得人心志淫靡，以怪僻为习俗就会使民心混乱。因此莅临国政的人不该穿奇异的服装，生活在中原的人不该学习蛮夷人的行为方式，这不是教化百姓遵行礼法的方式。并且遵循古法就不会犯什么错误，依循古礼节就不会有邪恶。我恳请大王能够仔细考虑此事。』

原文

王曰：『古今不同俗，何古之法？帝王不相袭，何礼之循？宓戏①、神农教而不诛，黄帝、尧、

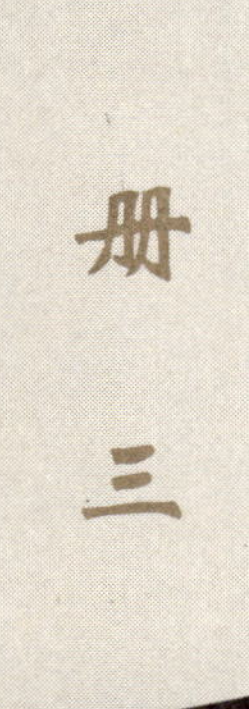

舜诛而不怒。及至三王，观时而制法，因事而制礼，法度制令，各顺其宜；衣服器械，各便其用。故礼世不必一其道，便国不必法古。圣人之兴也，不相袭而王；夏殷之衰也，不易礼而灭。然则反古未可非，而循礼未足多也。且服奇而志淫，是邹、鲁无奇行[2]也；俗辟而民易，是吴、越无俊民[3]也。是以圣人利身之谓服，便事之谓教。进退之谓节，衣服之制，所以齐常民，非所以论贤者也。故圣与俗流，贤与变俱。谚曰：「以书为御者不尽于马之情，以古制今者不达于事之变。」故循法之功不足以高世，法古之学不足以制今。子其勿反也。』

注释

①宓戏：即指伏羲。②邹、鲁无奇行：邹国人和鲁国人都衣着奇特，但是却产生了很多圣贤之人，如孔子、孟子等。③俊民：才俊之民。

译文

武灵王说：『自古至今习俗并不相同，应该向古时的什么时候效仿呢？各个帝王时的礼法并不是一脉相承的，应该依循哪位帝王的礼法呢？伏羲氏和神农氏只进行教化却不诛杀；黄帝、尧、舜，虽然诛杀但是却并不株连。到了三代圣王的时候，就按照具体的时势制定法度，按照实际情况来制定礼仪习俗。法度、政令按照实际形势制定与之适宜的，衣服器械各自都以便于使用为基准。因此整治社稷用不着只走一条路，只要是有益于国家，没有必要一定取法古代。出现圣人，并不是由于承袭古代才称霸天下；夏、殷两朝的衰落，也并不是由于礼法的改变才灭亡的。这样的话反叛古法，未必就可以非议，遵循礼法，未必就应该赞赏。并且倘若穿着奇特就会使人心志淫靡的话，邹国和鲁国就不会有杰出独特之人了；倘若民俗怪僻人们更会轻浮散漫的话，吴国和越国就不会有才俊之士了。因此圣人才将利于穿戴的称为衣服，把益于行事的称为教化。进退的礼节，服饰制作的规定，只是为了使百姓一致，并非是用来评估是否贤明的。所以圣人会伴随习俗的改变而改变，贤人能跟着变化而变化。俗话说：「按照书本知识来驾驭马车，就无法使马充分施展能力；按照古法整治当世，就无法通晓当今世事的变化。」因此遵循古法立下的功业无法超过当世，效仿古人之法就无法将当世治理好。您不要再反对了。』

赵惠文王三十年

原文

赵惠文王①三十年，相都平君田单问赵奢②曰：『吾非不说③将军之兵法也，所以不服者独将军之用众。用众者，使民不得耕作，粮食挽赁④不可给也。此坐而自破之道也，非单之所为也。单闻之，帝王之兵所用者不过三万而天下服矣。今将军必负十万、二十万之众乃用之，此单之所不服也。』

注释

①赵惠文王：武灵王之子。②赵奢：赵国的将军。因封于马服这个地方，故又称马服君。③说：通『悦』，喜欢。④挽赁：赋税。

译文

赵惠文王执政三十年的时候，相国安平君田单对赵奢说：『我并非是不欣赏赵将军用兵之策，我不佩服的只是将军您用兵数量过多。用兵太多，人民就无法进行耕作，粮食、赋税就无法供给，这是坐着国家自己就灭亡的道理啊，这不是我所想做的。我听说过，帝王所使用的兵力不多于三万，就使得天下归顺了。如今赵将军您每次作战必定要使用十万甚至是二十万的兵力，这是田单我所无法佩服的。』

原文

马服曰：『君非徒不达于兵也，又不明其时势。夫吴干之剑①，肉试则断牛马，金试则截盘匜②；

薄[3]之柱上而击之则折为三，质[4]之石上而击之则碎为百。今以三万之众而应强国之兵，是薄柱击石之类也。且夫吴干之剑材难，夫毋脊之厚而锋不入，无脾[5]之薄而刃不断。兼有是两者，无钓、罕、镡、蒙须[6]之便，操其刃而刺，则未入而手断。君无十余、二十万之众，为此钓、罕、镡、蒙须之便，而徒以三万行于天下，君焉能乎？且古者四海之内分为万国，城虽大无过三百丈者，人虽众无过三千家者，而以集兵三万距，此奚难哉！今取古之为万国者分以为战国七，能具数十万之兵，旷日持久数岁，即君之齐已。齐以二十万之众攻荆，五年乃罢；赵以二十万之众攻中山，五年乃归。今者齐、韩相方两国围攻焉，岂有敢曰我其以三万救是者乎哉？今千丈之城、万家之邑相望也，而索以三万之众围千丈之城，不存其一角，而野战不足用也，君将以此何之？』都平君喟然太息曰：『单不至也！』

注释

①吴干之剑：即吴国、干国的利剑。②匜：指古代的一种容器，用来装水。③薄：指靠近，接近。④质：通『置』。⑤脾：剑面上靠近剑刃的地方称为脾。⑥钓、罕、镡、蒙须：分别指剑环、剑刃、剑珥、剑绳。

译文

赵奢说道：『您不仅仅是不懂得用兵之法，而且还不能清楚现在的形势啊。那吴国、干国的利剑，砍在肉体上能够把牛、马都给砍断；砍在金属上能够把盘子、盆子砍断；砍在柱子上柱子会变成三段，砍在石头上，石头能碎成一百块儿。如今倘若用三万士卒去应对这样强大之国的军队，就如同是砍在柱子上、击在石头上一样。此外吴国干国的宝剑的铸造之材不但难求，而且倘若剑背的厚度不适宜，剑锋就不能刺入物体；倘若剑面的轻薄不适宜，剑刃就不能斩断物体。同时满足了这两方面，可是缺少剑环、剑刃、剑珥、佩带这样的辅助之类的东西，操起剑刃去刺杀敌人的话，还没有刺到别人，自己的手指就已经断了。倘若您没有十几万、二十万的兵力，来像剑环、剑珥那样做辅助之用，想要仅仅以三万兵士横行天下，您又怎么能做到呢？并且古代的时候天下分成成千上万个国家。即使是大的城邑，城墙也不会多于三百丈；即便是人口众多，也不会多于三千户人家。用召集起来的三万兵士进攻这样的城邑，这又有什么难的呢？现在古代成千上万的国家已经相互合并为现在战国时期的七个国家，都能聚集起数十万的兵士，进行历时很长的持久战，如果仅以三万兵力进行战争的话，就会如同齐国一样遭到惨败了。齐以二十万的兵力讨伐楚国，五年的时间才使战争结束；赵国以二十万的兵力讨伐中山国，五年的时间才得以胜利归国。倘若如今齐国与韩国实力相当，并且都用全力讨伐彼此，哪里有人敢对我说他用三万人的兵力就可以救助这两个国家呢？如今有千丈长的城墙的大城、拥有上万户人家的大邑比比皆是，想要以三万兵力围攻有千丈城墙的大城，连城墙的一个角都不能围困，对于野战兵力就更加不足了，您想要用这点兵做些什么呢？』安平君长叹道：『我的确不如您啊！』

齐破燕赵欲存之

齐破燕，赵欲存之。乐毅谓赵王曰：『今无约而攻齐，齐必雠①赵。不如请以河东易②燕地于齐。

赵有河北，齐有河东，燕、赵必不争矣。是二国亲也。以河东之地强齐，以燕以赵辅之，天下憎之，必皆事王以伐齐。是因天下以破齐也。』王曰：『善。』乃以河东易齐，楚、魏憎之，令淖滑、惠施之赵，请伐齐而存燕。

注释

①雠：仇视。②易：交换。

译文

齐国战胜了燕国，赵国想要帮助燕国留存下来，乐毅对赵王说道：『如今您没有任何同盟国，就擅自去攻打齐国，齐国必将会和赵国结下仇怨。不如您要求用赵国的河东之地去和齐国从燕国获取的河北之地作交换。这样一来，赵国便拥有了河北之地，齐国也拥有了河东之地，燕国和赵国也就必定不会再去争夺河北之地了，这是因为齐、赵两国关系友好的缘故呀。用河东之地使齐国势力得以增强，又让燕、赵两国对它加以辅助，那样的话，其他诸侯便会怨恨齐国，因而也就会都倒向您这一边，和您一起去讨伐齐国。这样就是所谓的通过诸侯之力来将齐国击败呀！』赵王说：『这个主意很好。』于是就用河东之地和齐国的河北之地做了交换。楚、魏两国因此也就对齐国恨之入骨。楚国派出了淖滑，魏国派出了惠施，他们一同都去了赵国，要求和赵国一起攻打齐国，并帮助燕国存留下去。

秦攻赵蔺离石祁拔

原文

秦攻赵蔺、离石、祁，拔①。赵以公子部为质②于秦，而请内③焦、黎、牛狐之城，以易④蔺、离石、祁于赵。赵背⑤秦，不予⑥焦、黎、牛狐。秦王怒，令公子缯请地。赵王乃令郑朱对曰：『夫蔺、离石、祁之地，旷远于赵而近于大国⑦，有先王之明与先臣之力，故能有之。今寡人不逮⑧，其社稷之不能恤⑨，安能收恤蔺、离石、祁乎？寡人有不令⑩之臣，实为此事也，非寡人之所敢知。』卒倍秦。秦王大怒，令卫胡易伐赵，攻阏与。赵奢将救之。魏令公子咎以锐师⑪居安邑以挟秦。秦败于阏与，反攻魏几，廉颇救几，大败秦师。

注释

①拔：攻下。②质：人质。③内：出纳，即献出。④易：交换。⑤背：违背。⑥予：给。⑦大国：对秦国的尊称。⑧不逮：比不上。⑨恤：体恤，顾及。⑩令：好。⑪锐师：精锐的部队。

译文

秦国兴兵攻打赵国的蔺、离石、祁三地，并将其全部攻下，赵国将公子部到派秦国去做人质，并请求将焦、黎、牛狐三城献给秦国，以交换被秦国占领的蔺、离石、祁三地，秦国同意了，但赵国却违背了约定，没有将焦、黎、牛狐三城献出秦国。秦王为此大怒，派公子缯前往赵国，要求赵国将三城交出。赵王便派贵人郑朱对公子缯说道：『蔺、离石、祁这三个地方，距离赵国很远，距离贵国却很近。因为有先王的圣明，再加上先臣的努力，我们赵国得以拥有了这三座城邑。如今我

的才能赶不上先王，连国家都没顾得上治理好，有如何可以顾得上治理蔺、离石、祁三地呢？都是我的大臣们不好，所谓的交换城池，都是他们做的，我完全不知情呀。』后来赵王最终还是违背了和秦国的约定。秦王大怒，派出胡易出兵去讨伐赵国，攻打阏与。赵将赵奢领兵前去援救。魏国便派公子咎带领着精锐部队在安邑驻扎下来，赵国和魏国对秦军进行了两面夹击。在阏与将秦军打败，秦军返回以后，又去攻打魏将魏几。赵将廉颇便前去救援魏几，又一次将秦军打败。

魏因富丁且合于秦

魏因富丁且合于秦，赵恐，请效①地于魏而听②薛公。李欬谓李兑曰：『赵畏横之合也，故欲效地于魏而听薛公。公不如令主父以地资③周最，而请相之于魏。周最以天下辱秦④者也，今相魏，魏、秦必虚⑤矣。齐、魏虽劲，无秦不能伤赵。魏王听，是轻齐也。秦、魏虽劲，无齐不能得赵。此利于赵而便于周最也。』

①效：献出。②听：听命于。③资：资助。④辱秦：意思是对秦国不友善，仇视秦国。⑤虚：指魏、秦的关系会出现裂痕。

魏国想通过富丁和秦国联合起来。赵国知道以后很害怕，便想割地献给魏国以寻求救援，并听

命于齐国的薛公。有人便让赵人李欬对赵相李兑说道：『赵国因为害怕魏国的连横阵线会成功，所以提出割地给魏国，并且听命于薛公。这样的话，您还不如让赵主父拿着土地去帮助周最，请求魏国将周最任命为相国。周最在诸侯中是很仇视秦国的，如果他做了魏国的相国，魏、秦两国的关系就将出现裂痕；齐、魏两国国力虽强，但如果没有秦国的支持，就无法损害到赵国。如果魏国不同意将周最为任命为相国的话，就相当于是削弱了齐国；秦、魏两国国力虽强，如果没有齐国的支持，也无法得以战胜赵国。因此，我们请求魏国将周最任命为相国，这样做的话，既能对赵国有利，也会对周最有利。』

魏使人因平原君请从于赵

原文

魏使人因平原君请从于赵，三言之，赵王不听。出遇虞卿，曰：『为入必语从。』虞卿入，王曰：『今者平原君为魏请从，寡人不听，其于子何如？』虞卿曰：『魏过[①]矣。』王曰：『然，故寡人不听。』虞卿曰：『王亦过矣。』王曰：『何也？』曰：『凡强弱之举事[②]，强受其利，弱受其害。今魏求从而王不听，是魏求害而王辞利也。臣故曰：魏过，王亦过矣。』

注释

①过：错。②举事：共事。

魏国派人前去赵国，想要通过平原君求得和赵国结为合纵联盟。平原君向赵王再三地言说这件事。赵王都没有同意。平原君出来后遇到了虞卿，对虞卿说道：『如果您进去拜见大王的话，一定要谈及和魏国合纵联盟的事呀。』虞卿进去拜见了赵王，赵王对他说：『刚才平原君为魏国向我请求与赵国结为合纵联盟，我没有答应，你对这件事的看法如何？』虞卿说：『魏国的做法是错的。』赵王说：『是呀，所以我才没有答应。』虞卿说：『大王您的做法也是错的呀。』赵王说：『为什么这么说呢？』虞卿说：『但凡强国与弱国共事的时候，总是强国可以从中得利，而弱国则从中受害。如今魏国请求和赵国结为合纵联盟，而您却不答应，这就是魏国在主动要求受害，而赵国却拒绝从中得利呀。因此我才说：「魏国的做法是错的，大王您的做法也是错的呀。」』

平原君谓平阳君

平原君谓平阳君曰：『公子牟游于秦，且东而辞应侯。应侯曰：「公子将行矣，独无以教之乎！」曰：「且微①君之命命之也，臣固且有效于君。夫贵不与富期②而富至，富不与粱肉期而粱肉至，粱肉不与骄奢期而骄奢至，骄奢不与死亡期而死亡至。累世③以前，坐④此者多矣。」应侯曰：「公子之所以教之者厚⑤矣。」仆⑥得闻此，不忘于心。愿君之亦勿忘也。』平阳君曰：『敬诺。』

注释

①微：没有。②期：约定。③累世：世世代代。④坐：这里是指毁败于。⑤厚：深刻。⑥仆：我。

译文

平原君赵胜对平阳君赵豹说道：『公子牟在秦国游历之后，即将准备返回到魏国，出发前秦国的相国应侯告辞。应侯说道：『公子您就要回魏国了，难道就没有什么教诲我的话吗？』公子牟说：『您就是不提出这个要求，我原本也是向说一说自己的拙见的。对那些身份已经很尊贵的人来说，即便不去追求富裕，富裕也会不期而至；那些已经富裕的人，即便不去追求美味珍馐，美味珍馐也会不期而至；已经享受到了美味珍馐的人，即便不去追求骄奢淫逸，骄奢淫逸也会随之而来；那些已经骄奢淫逸的人，即便不去追求败亡，败亡也会因之而来。世世代代以来，因为这样的情况而被毁灭的，的确是太多了呀。应侯说道：「公子您对我的这些教诲，的确是太深刻有道理了呀。」我听了这些话，必将永远铭记在心。希望您（平阳君赵豹）也不要忘记呀。』平阳君说道：『我将谨遵这些教导。』

秦攻赵于长平

原文

秦攻赵于长平[①]，大破之，引兵而归。因使人索六城于赵而讲。赵计未定。楼缓[②]新从秦来，赵王与楼缓计之曰：『与秦城何如？不与何如？』楼缓辞让曰：『此非人臣之所能知也。』王曰：『虽然，试言公之私。』

赵括之母

知子莫若母。赵王任用赵括，但赵括的母亲知道赵括只会纸上谈兵，劝谏赵王不要任用赵括为将。但赵王一意孤行，仍任用只会纸上谈兵的赵括为主将，终于导致长平之战的失败。

注释

①长平：赵地名，位于今山西高平。②楼缓：人名，本为赵人，后为秦臣，此时为秦国做说客。

译文

秦国攻打赵国的长平，大败赵军，率兵返归。之后就通过使者向赵国索要六个城邑，以此作为议和的条件。赵国还尚未作出抉择，此时楼缓刚刚由秦来赵，于是赵王就和楼缓进行商议，对他说道：『割给秦国城邑会怎么样呢，不割给秦国城邑又会怎么样呢？』楼缓推辞说：『这并非我这样的臣子所能知道的。』赵王说：『即使如此，我还是想请您说说您的看法。』

原文

楼缓曰：『王亦闻夫公甫文伯①母乎？公甫文伯官于鲁，病死。妇人为之自杀于房中者二八。其母闻之，不肯哭也。相室②曰：「焉有子死而不哭者乎？」其母曰：「孔子，贤人也，逐于鲁，是人不随。今死，而妇人为死者十六人，若是者，其于长者薄而于妇人厚。」故从母言之，之为贤母也；从妇言之，必不免为妒妇也。故其言一也，言者异则人心变矣。今臣新从秦来，

而言勿与则非计也，言与之则恐王以臣之为秦也，故不敢对。使臣得为王计之，不如予之。』王曰：『诺。』

注释

①公甫文伯：鲁国的士大夫。②相室：佣人。

译文

楼缓说：『大王您是否也听闻过鲁国士大夫公甫文伯之母的事呢？公甫文伯在鲁国为官的时候，因病去世了，房中竟有十六个妇人为他自杀殉情。他的母亲听闻之后，不肯为他伤心哭泣。佣人问：「哪里会有儿子死了却不哭泣的人呢？」公甫文伯的母亲回答道：「孔子是圣贤之人，被鲁国驱逐的时候，他不肯跟随。如今他死了，竟然有十六个妇人为他自杀殉情。像他这样，对长者如此薄情，对妇人却是如此重情。」这些话是从他母亲口中说出，必然会被称为贤良之母；如若是从妇人口中说出，必定会免不了被称为心怀妒意的妇人。因此，虽然是同一句话，但是说的人不一样，看待这些话的人的心情却会不同。如今我刚从秦回来，倘若我说不割地，那并非是替赵国打算；倘若说割地，又担心大王您以为我是在为秦国打算，因此我不敢回答您的问题。假若让我替大王打算，我认为不如把城邑割给秦国。』赵王说：『好吧！』

原文

虞卿[①]闻之，入见王，王以楼缓言告之。虞卿曰：『此饰说也。』秦即解邯郸之围，而赵王入朝使赵郝[②]约事于秦割六县而讲。王曰：『何谓也？』虞卿曰：『秦之攻赵也，倦而归乎？王以其力尚能进，爱王而不攻乎？』王曰：『秦之攻我也，不遗余力矣，必以倦而归也。』虞卿曰：『秦以其力攻其所不

能取，倦而归。王又以其力之所不能攻以资之，是助秦自攻也。来年秦复攻王，王无以救矣。』

注释

①虞卿：赵国的臣子。②赵郝：赵国大臣。

译文

大臣虞卿听闻此事之后，就前去拜见赵王，赵王就对虞卿说了楼缓的话。虞卿说：『这是虚假巧饰之辞啊。』当此之时秦军以解除对邯郸城的围困，而赵王也已经上朝派遣赵郝去与秦国商议将六县割给秦国与之讲和之事。赵王问：『为什么这么说啊？』虞卿回答说：『大王您以为秦攻打我们赵国是由于疲于征战才返回秦国的呢？还是他们还能够进攻只是由于可怜您而不再进攻的呢？』赵王说：『秦攻打我赵国是不遗余力，必然是由于疲于征战才返回秦国的。』虞卿说：『秦国用全力攻打他不能攻取得的地方，军队倦乏之后才返回秦国。但是大王您又将秦国无法夺取的地方割给它予以资助，这其实是在帮助秦国讨伐我们自己啊。等到来年秦国再次讨伐大王您的时候，大王您就没有办法挽救了。』

原文

王又以虞卿之言告楼缓。楼缓曰：『虞卿能尽知秦力之所至乎？诚知秦力之不至，此弹丸之地犹不予也，令[①]秦来年复攻王，得无割其内而媾[②]乎？』王曰：『诚听子割矣，子能必来年秦之不复攻我乎？』楼缓对曰：『此非臣之所敢任也。昔者三晋之交于秦，相善也。今秦释韩、魏而独攻王，王之所以事秦必不如韩、魏也。今臣为足下解负秦之攻，启关通敝[③]，齐交韩、魏。至来年而王独不取于秦，王之所以事秦者必在韩、魏之后也。此非臣之所敢任也。』

注释

①令：假使。②媾：议和。③敝：通『币』。

译文

赵王又将虞卿的话对楼缓讲了一遍，楼缓说：『虞卿可以对秦军的兵力能够打到哪里那么了如指掌吗？倘若并不确知秦军的兵力到了什么程度，如今这弹丸之地我们都不割给秦国的话，倘若秦国明年再次讨伐大王您，您能够不割让内地就和秦国议和么？』赵王说：『假若我听从您的建议把六城割给秦国，您能确定明年秦国必然不会再来讨伐我了吗？』楼缓回答说：『这并非臣子我可以保证的。昔日韩、赵、魏三晋和秦国相交，邦交友善，现在秦国舍弃韩、魏两国，而唯独攻打大王您，由此可见您对秦国的事奉必然没有韩、魏两国好。如今我可以为您调解由于亲疏而引起的战争，打开关塞，货币流通，以使赵国和秦国的邦交关系达到韩、魏两国与秦国的关系那样。但是至于明年，唯独大王您还无法与秦交好，那必然是由于您对秦国的事奉落在韩、魏两国之后了。这并非是我能够承担的。』

原文

王以楼缓之言告。虞卿曰：『楼缓言不媾，来年秦复攻王，得无更割其内而媾？今媾，楼缓又不能必秦之不复攻也，虽割何益？来年复攻，又割其力之所不能取而媾也，此自尽之术也，不如无媾。秦虽善攻，不能取六城；赵虽不能守，而不至失六城。秦倦而归，兵必罢。我以五城收天下以攻罢秦，

是我失之于天下而取偿于秦也，吾国尚利。孰与坐而割地自弱以强秦？今楼缓曰：「秦善韩、魏而攻赵者，必王之事秦不如韩、魏也。」是使王岁[1]以六城事秦也，即坐而地尽矣。来年秦复求割地，王将予之乎？不与，则是弃前功而挑秦祸也；与之，则无地而给之。语曰：「强者善攻而弱者不能自守。」今坐而听秦，秦兵不敝而多得地，是强秦而弱赵也。以益愈强之秦而割愈弱之赵，其计固不止矣。且秦虎狼之国也，无礼义之心，其求无已而王之地有尽。以有尽之地给无已之求，其势必无赵矣。故曰：此饰说也。王必勿与。』王曰：『诺。』

注释

①岁：每年。

译文

赵王又对虞卿讲了楼缓的话。虞卿说：『楼缓说不同秦国议和，倘若秦国明年再次讨伐大王您，您能够不割让内地就和秦国议和么？但是如今同秦国议和，楼缓又无法确保秦国必然不会再来讨伐，那么即使是割让了土地，又有什么用呢？第二年秦军再次兴兵征战的话，又把他尽全力也无法得到的城邑作为议和的条件割让给它，这是自取灭亡的做法啊，不如还是不与秦国议和为好。秦国虽然擅长攻取，但还是无法夺取六城，赵国虽然无法固守，但还不至于丢掉六城，等到秦军疲惫了就会回去了，军队也会很疲弊。现在我们可以用五座城邑收买天下，来讨伐疲惫的秦国。如此一来，虽然我们丧失了送给诸侯们的土地，但是我们却可以从秦国获得补偿。我们赵国尚且还有好处。这和白白割让土地使自己被削弱从而使秦国强大比起来，哪一个更好呢？如今楼缓说：「秦国与韩国、魏国邦交友好，却讨伐赵国，必然是由于赵王您对秦国的事奉不如韩、魏两国好。」这就是说让赵王您每年一次割给秦国六座城池来事奉秦国，也就是说坐着等待赵地割让完。如果明年秦国再向您索求土地，您是否还打算割给他？假使您不割给的话，就是放弃前面的功劳，挑起秦兵给赵国带来的祸端；假使您把土地割给秦国，赵王您就会没有土地可以割让了。俗话说：「强大的擅长进攻，弱小的无法自守。」如今倘若坐以待毙，听命于秦国，而秦军不需要劳累又能够多得到土地，这是使秦国得以增强、使赵国削弱自己啊。以此使秦国更为强大、从而宰割赵国，使得赵国更为疲弱，这种计策的危害就会无法穷尽。并且秦国是如同虎狼一样的国家，没有任何仁义之心，它的索求会没完没了，但是大王您的土地确实有限，用有限的土地，去满足秦国永无止境的要求，那么赵国灭亡就是必然趋势了。因此，楼缓的话只是伪饰之说。大王您千万不要把土地割给秦国啊。』赵王说：『好。』

原文

楼缓闻之，入见于王，王又以虞卿言告之。楼缓曰：『不然，虞卿得其一，未知其二也。夫秦、赵构难而天下皆说①，何也？曰「我将因②强而乘弱」。今赵兵困于秦，天下之贺战者则必尽在于秦矣。故不若亟割地求和以疑天下，慰秦心。不然，天下将因秦之怒，秦赵之敝而瓜分之。赵且亡，何秦之图？王以此断之，勿复计也。』

注释

①说：通『悦』，高兴。②因：凭借，倚仗。

译文

楼缓听闻此事之后，又前去拜见赵王，赵王就又对楼缓说了虞卿的话，楼缓说：『不对。虞卿他只知道其一，却不知道其二。秦国和赵国互相交战，天下诸侯都很高兴，这是为何啊？只是因为「我们将要倚仗强大的秦国战胜弱小的国家」。如今赵国的军队被秦所围困，天下庆贺此战的诸侯，必然都属于秦国阵营。因此您不如还是赶紧向秦国割地议和吧，以此来使诸侯迷惑，抚慰秦国。如若不然的话，天下诸侯将会趁着秦国的愤怒，秦国和赵国交兵疲惫之机，发兵对赵国进行瓜分。赵国就将要灭亡了，对秦国还能有什么图谋啊？大王您这样决定吧，请勿再作图谋了。』

原文

虞卿闻之，又入见王曰：『危矣，楼子之为秦也！夫赵兵困于秦，又割地为和，是愈疑天下而何慰秦心哉！是不亦大示天下弱乎？且臣曰勿予者，非固勿予而已也。秦索六城于王，王以五城赂齐。齐，秦之深雠[①]也，得王五城，并力而西击秦也，齐之听王，不待辞之毕也。是王失于齐而取偿于秦，一举结三国之亲，而与秦易道也。』赵王曰：『善。』因发虞卿东见齐王，与之谋秦。虞卿未反[②]，秦之使者已在赵矣。楼缓闻之，逃去。

注释

①深雠：指很深的仇恨。②反：通『返』，返回。

译文

虞卿听闻此事之后，又前去觐见赵王，说道：『赵国将要很危险了，楼缓这是在替秦国打算啊。

赵军为秦所围困，倘若再割地给秦国，以此与之言和，这样就会使得天下诸侯们更加怀疑赵国之弱，又怎么能抚慰秦国的贪心呢？这难道不也是向天下诸侯表明赵国的软弱吗？并且我说不割给秦国土地，并非简单地不割地于秦。秦王向大王您索要六座城邑，大王您以五座城邑去贿赂齐国。齐国和秦国是有着很深仇恨的敌国，倘若能够得到您的五座城邑，必然会和您一起联手向西攻打秦国，齐王定会听从于您，不必等到把话说完。如此一来，大王您虽然在齐国那里丧失了土地，但是却能够从秦国那里获得补偿，您这样一举就能得到韩、魏、齐三国的亲近，并且会和秦国所处的位置对换。』赵王说：『好。』于是就差遣虞卿向东前去拜见齐王，与他共同图谋秦国。还没等到虞卿从齐国返回赵国，秦国的使者就已经来到赵国了。楼缓听闻此事之后，就赶紧逃走了。

秦赵战于长平

原文

秦、赵战于长平，赵不胜，亡一都尉。赵王召楼昌[1]与虞卿曰：『军战不胜，尉复死，寡人使卷甲而趋之，何如？』楼昌曰：『无益也，不如发重使而为媾。』虞卿曰：『夫言媾[2]者，以为不媾者军必破，而制媾者在秦。且王之论秦也，欲破王之军乎？其不邪？』王曰：『秦不遗余力矣，必且破赵军。』虞卿曰：『王聊听臣，发使出重宝[3]以附楚、魏。楚、魏欲得王之重宝，必入吾使。赵使入楚、魏，秦必疑天下合从也，且必恐。如此则媾乃可为也。』

注释

①楼昌：赵国的大臣，秦臣楼缓的弟弟。②媾：求和。③重宝：贵重的宝物。

译文

秦国和赵国在长平作战，赵军战败，赵国有一个都尉身亡了。于是赵王就召见大臣楼昌和虞卿，问道：『我们赵军未能战胜，并且又有一个都尉战死，我想要让全军向秦国的军队进行偷袭，你们认为怎么样？』楼昌说：『这不会有什么好处，您不如还是派遣显贵的特使和秦国商议和解吧。』虞卿说：『想要议和的人认为倘若不和秦国商议和解，赵军必然会战败。但是控制议和的一方却是秦国，以大王您之见，秦国是想要击破赵军呢？还是不想击破赵军呢？』赵王说：『秦国会全力以赴攻打我军，必然是想要击破我军。』虞卿说道：『大王您暂且听从于我，派遣使者带上贵重的宝物，前去依附于楚、魏。楚国和魏国想要获得大王您那贵重的宝物，必然会让我们的使臣进入楚、魏两国。一旦我们赵国的使者进入了楚、魏两国，秦国必然会怀疑天下的诸侯已经建立了合纵联盟，并且必然会心怀恐惧。这样一来，与秦国的议和就能够成功了。』

原文

赵王不听，与平阳君为媾，发郑朱①入秦，秦内之。赵王召虞卿曰：『寡人使平阳君媾秦，秦已内郑朱矣，子以为奚如？』虞卿曰：『王必不得媾，军必破矣，天下之贺战者皆在秦矣。郑朱，赵之贵人也，而入于秦，秦王与应侯②必显重以示天下。楚、魏以赵为媾，必不救王。秦知天下不救王，则媾不可得成也。』赵卒不得媾，军果大败。王入秦，秦留赵王而后许之媾。

注释

①郑朱：赵国的臣子。②应侯：即范雎，秦国的相国。

译文

赵王没有听取虞卿的计策，就和平阳君商议与秦国议和，派遣臣子郑朱前往秦国。秦国让郑朱进入了秦国。赵王又召见虞卿问：“我派平阳君去与秦国商议和解，秦国已经接纳了郑朱，你觉得会怎么样呢？”虞卿说：“大王您必定不能和解，赵军必然会被击破，天下庆贺战争获胜的诸侯，必定都属于秦国一方。郑朱，乃是赵国显贵之人，前往秦国，秦王与应侯范雎必然会很隆重地接待他。以此向天下诸侯表明，楚国和魏国认为赵国已经与秦国和解了，肯定不会再救援赵军。秦国知晓天下诸侯都不会前来救助赵国，那么议和就不可能获得成功了。”赵国最终也没有与秦国成功议和，赵军果然也被秦国大败。于是赵王又前往秦国，秦国把赵王扣留了，之后才答应与赵国议和。

秦围赵之邯郸

原文

秦围赵之邯郸①。魏安釐王②使将军晋鄙救赵。畏秦，止于汤阴，不进。魏王使客将军辛垣衍③间④入邯郸，因⑤平原君⑥谓赵王曰：“秦所以急围赵者，前与齐闵王争强为帝，已而复归帝，以齐故。今齐已益弱。方今唯秦雄天下，此非必贪邯郸，其意欲求为帝。赵诚发使尊秦昭王为帝，秦必喜，罢兵去。”平原君犹豫未有所决。

注释

①邯郸：赵国的都城，位于今河北邯郸。②魏安釐王：魏昭王之子。③辛垣衍：魏国的臣子。④间：偷偷地。⑤因：通过。⑥平原君：赵惠文王之弟，赵国的相国，封于东武城，与齐国的孟尝君、魏国的信陵君、楚国的春申君一起并称为战国四公子。

译文

秦国围攻赵都邯郸，魏安釐王派将军晋鄙救赵。可是晋鄙很惧怕秦兵，不敢前进，就驻扎在汤阴。不得已，魏王就再派客将军辛垣衍悄悄进入邯郸城，通过平原君赵胜对赵孝成王说：『秦兵之所以着急发兵围攻贵国邯郸，是因为秦以前和齐闵王争相逞威称帝，可是不久又把帝号取消。就因为齐国不称帝，所以秦国也取消了帝号，如今齐国已经愈发衰败，只有秦国雄霸天下，可见秦国并不一定是为了贪图邯郸之地，其真正用意是想要称帝。因而只要赵国能派遣专使，尊秦王为帝，那秦王必然很高兴，这样秦兵就会自解邯郸之围。』可是平原君还是犹豫不决。

原文

此时鲁仲连[①]适游赵，会[②]秦围赵。闻魏将欲令赵尊秦为帝，乃见平原君曰：『事将奈何矣？』平原君曰：『胜[③]也何敢言事？百万之众折于外，今又内围邯郸而不能去。魏王使将军辛垣衍令赵帝秦。今其人在是[④]，胜也何敢言事？』

注释

①鲁仲连：齐国人。②会：恰逢，赶上。③胜：平原君的名。④是：代词，这里。

译文

这时鲁仲连刚好在赵国，正碰上秦兵围攻邯郸，他听说魏国准备叫赵王尊秦王为帝，于是就去见平原君说：『战事打算怎么安排呢？』平原君说：『我现在还敢谈战事？赵国的百万大军战败于外，如今国都邯郸又遭受秦兵的包围而无法击退。魏王派将军辛垣衍劝我赵王尊秦王为帝，现在辛将军就在邯郸，我还敢说什么？』

原文

鲁连曰：『始吾以君为天下之贤公子也，吾乃今然后知君非天下之贤公子也。梁客辛垣衍安在？吾请为君责而归之[①]。』平原君曰：『胜请召而见之于先生。』平原君遂见辛垣衍曰：『东国[②]有鲁连先生，其人在此，胜请为绍介而见之于将军。』辛垣衍曰：『吾闻鲁连先生，齐国之高士也。衍，人臣也，使事有职。吾不愿见鲁连先生也。』平原君曰：『胜已泄之矣。』辛垣衍许诺。

注释

①责而归之：指责他使他回去。②东国：指齐国，因为齐国在东面。

译文

鲁仲连说：『我当初以为阁下是天下的贤公子，到现在我才知道阁下是徒有虚名。魏将军辛垣衍在哪里？我可以替阁下责备一顿让他回去。』平原君说：『那么我就把辛将军请来和先生见面。』于是平原君就去见辛垣衍说：『齐国有一位鲁仲连先生，此人就在这里，我想给将军介绍和他认识。』齐垣衍说：『我早就知道鲁仲连先生是齐国的高士，而我辛垣衍只不过是一个使臣，职责所在，所

以我不愿见鲁仲连先生。』平原君说：『可是我已经把您的情况告诉他了。』这样辛垣衍才答应和鲁仲连见面。

鲁连见辛垣衍而无言。辛垣衍曰：『吾视居北围城之中者，皆有求于平原君者也。今吾视先生之玉貌，非有求于平原君者，曷[1]为久居此围城之中而不去也？』

①曷：为何。

译文

鲁仲连见到辛垣衍竟一言不发，辛垣衍说：『我知道凡是住在被围困的邯郸城中的人，都是为有求于平原君而来。但是我现在观察先生的相貌，好像并非有求于平原君，真不知道先生为什么在城内久住不走？』

鲁连曰：『世以鲍焦[1]无从容[2]而死者，皆非也。今众人不知，则为一身。彼秦者，弃礼义而上首功之国也[3]。权使其士，虏使其民。彼将肆然而为帝，过而遂正于天下，则连有赴东海而死矣。吾不忍为之民也！所为见将军者，欲以助赵也。』辛垣衍曰：『先生助之奈何？』鲁连曰：『吾将使梁及燕助之。齐、楚则固助之矣。』

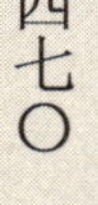

注释

①鲍焦：周代的隐士，相传自杀而死。②从容：指广阔的胸怀。③上首功之国：是一个崇尚斩掉别人的首级为功劳的国家，即指秦国崇尚武力。上，通『尚』，崇尚。首功，以别人的首级为功。

译文

鲁仲连说：『世人都认为鲍焦是由于心胸狭隘而自杀，这都是错误的想法。如今一些人不明白，认为鲍焦只是为自己。再说那秦国是一个背弃礼义，崇尚战功，用权术操纵士大夫，把百姓当奴隶一般使用的国家。秦王假如肆无忌惮地称帝，并且以政令统治天下，那么我鲁仲连只有投东海而死。因为我不忍心做秦王的顺民，所以才来会见将军，目的是想借此机会帮助赵国。』辛垣衍说：『请问先生要怎样帮助赵国呢？』鲁仲连说：『我准备鼓动梁、燕两国帮助赵国，而齐、楚两国本来已经帮助他们了。』

原文

辛垣衍曰：『燕则吾请以从矣。若乃梁，则吾乃梁人也，先生恶[1]能使梁助之耶？』鲁连曰：『梁未睹秦称帝之害故也，使梁睹秦称帝之害，则必助赵矣。』

注释

①恶：表示诘问，怎能。

译文

辛垣衍说：『燕国吗，我相信他们会听从您的意见，至于梁国，我可是梁国人，不知道先生要

如何使梁国帮助赵国？』鲁仲连说：『这是因为梁国还没有看见秦国称帝的害处，假如梁能清楚秦国称帝之害，就必然发兵救赵。』

原文

辛垣衍曰：『秦称帝之害将奈何？』鲁仲连曰：『昔齐威王[①]尝为仁义矣，率天下诸侯而朝周。周贫且微，诸侯莫朝，而齐独朝之。居岁余，周烈王崩，诸侯皆吊，齐后往。周怒，赴于齐曰：「天崩地坼，天子下席。东藩之臣田婴齐后至，则斮[②]之。」威王勃然怒曰：「叱嗟，而母婢也。」卒为天下笑。故生则朝周，死则叱之，诚不忍其求也。彼天子固然，其无足怪。』

注释

①齐威王：即田婴齐。②斮：斩，杀。

译文

辛垣衍说：『秦王称帝的害处在哪里呢？』鲁仲连说：『以前齐威王曾行仁义之政，他率领天下诸侯去朝拜周天子。当时的周朝既穷又弱，天下诸侯都不肯朝贡，只有齐国肯称臣朝拜。过了一年多，周威烈王驾崩，诸侯都去吊丧，可是齐国却最后才到。周显王大怒，就派使臣警告齐王说：「天子驾崩，新即位的天子服丧，而齐国的田婴竟然最后才到，依法当处斩刑。」齐威王听了这话勃然大怒说：「呸！你只不过是一个贱婢所生的奴才！」后来被天下诸侯所嘲笑。周天子在时去朝拜他，死后又如此来咒骂他，实在是由于无法接受周朝的苛求。至于说天子倒应该有点威风，这也没有什么值得奇怪的。』

原文

辛垣衍曰：『先生独未见夫仆乎？十人而从一人者，宁力不胜，智不若[①]耶？畏之也。』鲁仲连曰：『然梁之比于秦若仆耶？』辛垣衍曰：『然。』鲁仲连曰：『然吾将使秦王烹醢[②]梁王。』辛垣衍怏然[③]不悦曰：『嘻，亦太甚[④]矣，先生之言也！先生又恶能使秦王烹醢梁王？』

注释

①不若：指不如，不及，比不上。②烹醢：古代的两种很残忍的酷刑。烹，用鼎镬煮人。醢，剁成肉酱。③怏然：很不开心的样子。然，……的样子。④甚：过分。

译文

辛垣衍说：『先生难道没有见过那些仆人吗？十个人服侍一个人，并不是因为力量和智慧不如主人，而是由于害怕主人。』鲁仲连说：『那么梁国和秦国的关系，就如同仆人和主人的关系吗？』辛垣衍说：『是的。』鲁仲连说：『既然这样，我将要让秦王烹杀梁王，把梁王剁成肉酱！』辛垣衍很不高兴地说：『唉！先生的话也未免太过分了，先生又怎能叫秦王烹杀梁王呢？』

原文

鲁仲连曰：『固也，待吾言之。昔者，鬼侯[①]、鄂侯[②]、文王[③]，纣之三公也。鬼侯有子而好，故入之于纣，纣以为恶，醢鬼侯。鄂侯争之急，辩之疾，故脯[④]鄂侯。文王闻之，喟然而叹，故拘之于牖里[⑤]之库，百日而欲舍之死。曷为与人俱称帝王，卒就脯醢之地也？

注释

①鬼侯：商纣王的大臣，封地位于今河北临漳。②鄂侯：商纣王的大臣，封地位于今山西宁乡。③文王：即周文王。④脯：肉干。⑤牖里：地名，位于今河南汤阴。

译文

鲁仲连说：『我自然可以这样做，请将军听我解释。古时鬼侯、鄂侯、文王，是殷纣王的三个诸侯。鬼侯有个女儿长得很漂亮，于是就献给纣王纳入后宫，可是纣王讨厌她不够妩媚，结果纣王就把鬼侯烹杀剁成肉酱。鄂侯为这件事向纣王进言直谏，急切地辩论，结果纣王又把鄂侯杀死晒成肉干。文王听到这两件惨事以后，不由得长叹，结果竟被纣王囚禁在牖里的监牢里，准备把他囚禁一百天后再把他处死。为什么和人家同称帝王，结果反倒被杀死晒成肉干剁成肉酱呢？

原文

『齐闵王将之鲁，夷维子[①]执策[②]而从，谓鲁人曰：「子将何以待吾君？」鲁人曰：「吾将以十太牢待子之君。」维子曰：「子安取礼而来待吾君？彼吾君者，天子也。天子巡狩，诸侯辟舍，纳于筦键[③]，摄衽抱几，视膳于堂下，天子已食，退而听朝也。」鲁人投其籥，不果纳。不得入于鲁，将之薛，假途[④]于邹。当是时，邹君死，闵王欲入吊。夷维子谓邹之孤曰：「天子吊，主人必将倍殡柩，设北面于南方，然后天子南面吊也。」邹之群臣曰：「必若此，吾将伏剑而死。」故不敢入于邹。邹、鲁之臣，生则不得事养，死则不得饭含[⑤]。然且欲行天子之礼于邹、鲁之臣，不果纳。

注释

①夷维子：夷维，本为地名，此人以城邑为自己的姓，故称夷维子。②执策：拿着马鞭。策，马鞭。③筦键：钥匙。④假途：借道。⑤饭含：把粮食放到死人嘴里，把玉放在死人嘴里，这是古人丧葬习俗。

译文

『齐闵王要去鲁国时，夷维子拿着马鞭子服侍在侧，他对鲁国人说：「你们要如何接待我国君呢？」鲁国人说：「我们准备用猪、牛、羊各十头的太牢之礼款待你们国君。」夷维子说：「你们是从哪里学来这种礼节来接待我国君的呢？我们国君乃是天子，天子到全国各地巡视时，诸侯都要避开正殿不住，交出钥匙、撩起衣襟、端着几案在堂下侍候天子进餐，天子吃完，诸侯才能退下处理政务。」鲁国人听了这话以后，就把关门锁上，不让齐闵王入境，以致使齐国君臣都不能进入鲁国。又要到薛国去的时候，想从邹国借路通过，正好碰上邹君死了，齐闵王要去吊丧，夷维子对邹君的遗孤说：「天子来吊丧，丧主必须把灵柩从北面移向南面，然后请天子面朝南吊唁。」邹国的群臣说：「假如齐国一定叫我们这样做，那我们宁可伏剑自杀。」因此齐闵王君臣也不敢进入邹国。邹、鲁两国的臣子，当时君主在世时没能力更好地奉养，君主死了以后，也没有预备「饭含」的能力。但是要叫他们行朝拜天子之礼，他们却肯让齐闵王进入自己的国家。

原文

『今秦万乘之国，梁亦万乘之国。俱据万乘之国，交有称王之名，睹其一战而胜，欲从而帝之，是使三晋之大臣不如邹、鲁之仆妾也。且秦无已而帝，则且变易诸侯之大臣。彼将夺其所谓不肖，而予

其所谓贤；夺其所憎，而与其所爱。彼又将使其子女谗妾为诸侯妃姬，处梁之宫，梁王安得晏然而已①乎？而将军又何以得故宠乎？』

注释

①晏然而已：相安无事。

译文

『如今秦国是拥有一万辆兵车的大国，而梁国也是一个万乘之邦，既然都是万乘之邦，而且都互相称帝称王，但是看见秦国一战而胜，就一起称秦王为帝，这是使三晋重臣，连邹、鲁的奴隶都不如，再说秦王的野心无止境地膨胀，直到称帝成功，到那时他必调换诸侯的大臣；废除他所谓的奸臣，把官爵给他心目中的贤臣；剥夺他所憎恨的人的官职，然后任命他所喜欢的人为新官。同时他又要叫他的女儿做诸侯的妃子住在梁宫里，梁王又怎能相安无事，而将军又怎能保全崇高职位呢？』

原文

于是，辛垣衍起，再拜谢曰：『始以先生为庸人，吾乃今日而知先生为天下之士也。吾请去，不敢复言帝秦①。』秦将闻之，为却军②五十里。

注释

①帝秦：以秦为帝。②却军：退却军队。

译文

辛垣衍听完鲁仲连这番话后，立刻肃然起敬再拜谢罪说：『我起初以为鲁先生是一个平凡的人，现在我才知道先生是天下的通达之士。因此我现在就想回梁国，再也不敢谈论尊秦王为帝之事啦！』秦国将领听到这个消息后，立刻下令秦军后退五十里。

原文

适会魏公子无忌[①]夺晋鄙军以救赵击秦，秦军引而去。于是平原君欲封鲁仲连。鲁仲连辞让者三[②]，终不肯受。平原乃置酒，酒酣，起前以千金为鲁连寿。鲁连笑曰：『所贵于天下者士者，为人排患、释难、解纷乱而无所取也。即[③]有所取者，是商贾之人也，仲连不忍为也。』遂辞平原君而去，终身不复见。

注释

①无忌：即魏安釐王的弟弟信陵君。他设计取得兵符，杀掉将军晋鄙，夺取了军权，帮助赵国战胜秦国。②辞让者三：再三推辞。③即：如果，假设。

译文

这时正好碰上魏公子无忌杀死晋鄙，要夺下兵权救赵攻秦，秦将只好率兵回国。事后平原君想封鲁仲连，可是鲁仲连却再三辞谢，始终不肯接受。不得已平原君就摆设酒宴，当酒兴正浓时，平原君站起以千金为鲁仲连祝寿，然而鲁仲连只是笑一笑说：『一个受天下崇拜的贤士，就应为人排难解忧而不收取报酬。假如收取报酬，那是商人的行为，我鲁仲连绝不会做这种事。』鲁仲连说完这话，就辞别平原君而去，从此终身不再来拜见平原君。

说张相国

原文

说张相国曰：『君安能少①赵人而令赵人多君？君安能憎赵人而令赵人爱君乎？夫胶漆至②黏也，而不能合远；鸿毛至轻也，而不能自举。夫飘于清风则横行四海。故事有简而功成者，因也。今赵万乘之强国也，前漳、滏，右常山，左河间，北有代，带甲百万，尝抑③强齐，四十余年而秦不能得所欲。由是观之，赵之于天下也不轻。今君易④万乘之强赵，而慕思不可得之小梁，臣窃为君不取也。』君曰：『善。』自是之后，众人广坐⑤之中，未尝不言赵人之长⑥者也，未尝不言赵俗之善⑦者也。

注释

①少：这里是说感情淡漠。②至：最。③抑：抑制、遏制。④易：轻视。⑤广坐：在大庭广众之中。⑥长：长处。⑦善：美。

译文

有人向赵国的张相国规劝道：『您自己对赵国的人民感情很淡薄，怎么能够又要求他们对您感情深厚呢？您讨厌赵国的人民，又怎么能够要求他们爱戴您呢？胶和漆是世界上最粘的东西，却无法将两个距离遥远的东西粘在一块；大雁的羽毛是最轻的了，却无法自己托举起自己，必须要借助着清风才可以飘行于四海之上。因此说，即便是任何一件非常简单的事，要想获得成功，总得借助于外在的客观条件。如今赵国是拥有万乘之车的强国，前有漳、滏二水，右有常山，左有河间，北有代郡，兵将至于百万，一度将强齐遏制了四十多年，秦国也无法随心所欲。由此来看，赵国在诸侯当中的地位并不是无关紧要的呀。如今您却轻视这个万乘之国的赵国，思慕那个不知道将会怎样的弱国魏国，我认为您这样做是不可取的呀。张相国说：『你说的很有道理。』从此之后，每逢他在大庭广众之下，总是要提及赵国人的长处，并多多赞扬赵国人那些好的习俗。

卷二十一　赵策四

赵太后新用事

原文

赵太后[1]新用事，秦急攻之。赵氏求救于齐。齐曰：『必以长安君[2]为质，兵乃出。』太后不肯，大臣强谏。太后明谓左右：『有复言令长安君为质者，老妇[3]必唾其面。』

注释

①赵太后：赵孝成王的母后。②长安君，赵太后的小儿子。③老妇：赵太后对自己的谦称。

译文

赵太后刚执政，秦国就抓紧攻赵。赵国向齐国请求救援。齐国说：『必须让长安君来做人质，我们才出兵。』赵太后不肯，大臣们都极力劝谏。赵太后明白地对左右的人说：『有再说让长安君去做人质的，我一定吐他一脸唾沫！』

原文

左师触龙[1]愿见太后。太后盛气[2]而揖之。入而徐趋，至而自谢，曰：『老臣病足，曾不能疾走，不得见久矣。窃自恕，而恐太后玉体之有所郄[3]也，故愿望见太后。』太后曰：『老妇恃[4]辇而行。』曰：『日食饮得无衰乎？』曰：『恃粥耳。』曰：『老臣今者殊不欲食，乃自强步，日三四里，少益嗜食，和于身也。』太后曰：『老妇不能。』太后之色少解。

注释

①左师触龙：左师，官职名。触龙，人名，赵国的臣子。②盛气：十分生气。③郄：有病，不舒服。④恃：依靠，依仗。

译文

左师触龙告知他希望拜见太后，太后怒气冲冲地等着他。触龙上殿后慢慢走上前去，到太后跟前道歉说：『老臣的脚有病，不能快走，很久没有拜见太后了。私下里因脚疾而宽恕自己，只是担心太后的身体欠佳，所以还是希望看看太后。』赵太后说：『我只能靠车子行动了。』触龙说：『饮食该不会减少吧？』太后说：『靠喝点粥罢了。』触龙说：『老臣最近很不想吃东西，就勉强散散步，每天走上三四里，渐渐地就喜欢吃东西了，身体也舒服些了。』太后说：『我可做不到啊。』太后的脸色稍微缓和了些。

原文

左师公曰：『老臣贱息[1]舒祺，最少，不肖。而臣衰，窃爱怜之。愿令得补黑衣[2]之数，以卫王宫，没死以闻。』太后曰：『敬诺。年几何矣？』对曰：『十五岁矣。虽少，愿及未填沟壑[3]而托之。』太后曰：『丈夫亦爱怜其少子乎？』对曰：『甚于妇人。』太后笑曰：『妇人异甚。』对曰：『老臣窃以为媪[4]之爱燕后[5]贤于长安君。』曰：『君过矣，不若长安君之甚。』

注释

①贱息：谦称，指自己的儿子。②黑衣：因宫中卫士所穿的衣服为黑色，所以借此指代卫士。③未

填沟壑：指还没有死。④媪：对赵太后的尊称。⑤燕后：赵太后将自己的女儿嫁给了燕国国君，故言燕后。

译文

触龙说：『老臣有个儿子叫舒祺，年龄最小，不成才。可我已经衰老了，私下里很疼爱他。我希望能让他做一名卫士，来保卫王宫，因此冒死来向太后禀告。』太后说：『好吧。他几岁了？』触龙答道：『十五岁了。年纪虽小，老臣想趁着没死之前把他托付给您。』太后说：『男子汉也疼爱自己的小儿子吗？』触龙答道：『比妇人家还厉害。』太后笑着说：『妇人家疼爱小儿子才特别厉害呢！』触龙说：『老臣私下里认为您疼爱燕后胜过疼爱长安君。』太后说：『你错了，我疼爱燕后远不如疼爱长安君。』

原文

左师公曰：『父母之爱子，则为之计深远。媪之送燕后也，持其踵[①]为之泣，念悲其远也，亦哀之矣。已行，非弗思也，祭祀必祝之，祝曰：「必勿使反。」岂非计久长，有子孙相继为王也哉？』太后曰：『然。』左师公曰：『今三世以前，至于赵之为赵，赵主之子孙侯者，其继有在者乎？』曰：『无有。』

注释

①踵：脚后跟。

译文

触龙说：『父母疼爱子女，就替他们做长远打算。您送燕后出嫁时，在车下握着她的脚后跟，为她掉眼泪，因为想到她要离家远嫁。这就是爱她啊！燕后走了以后，并不是就不想她啊，祭祀时总是要替她祝福，祈祷说：「千万不要让她回来呀！」这难道不是替她做长远打算，希望她的子孙世代为王吗？』太后说：『是的。』触龙说：『从现在起，上推到三代以前，甚至推到赵氏立国的时候，赵王子孙被封侯的，他们的后代还有在侯位的吗？』太后答道：『没有。』

原文

曰：『微独赵[1]，诸侯有在者乎？』曰：『老妇不闻也。』『此其近者祸及身，远者及其子孙。岂人主之子孙则必不善哉？位尊而无功，奉厚而无劳，而挟[2]重器多也。今媪尊长安君之位，而封之以膏腴之地，多予之重器，而不及今令有功于国。一旦山陵崩[3]，长安君何以自托于赵？老臣以媪为长安君计短也，故以为其爱不若燕后。』太后曰：『诺，恣君之所使之。』于是为长安君约车百乘质于齐，齐兵乃出。

注释

①微独赵：不仅仅是赵国。微，表示否定。②挟：掌控。③山陵崩：古时对国君、诸侯以及王后的死的委婉表达。

译文

触龙又问：『不只是赵国，就是其他诸侯的子孙，他们的后代还有在侯位的吗？』太后答道：『我没听说过。』触龙说：『他们当中遭祸早的，祸患就降到了自己身上；遭祸晚的，祸患就降到了子孙身上。难道国君封侯的子孙就一定都不好吗？只是因为他们地位尊贵却没有功勋，俸禄丰厚却没有劳绩，而且还拥有大量的贵重器物啊！如今您使长安君的地位很尊贵，又封给他肥沃的土地，给他很多贵重的器物，却不让他趁现在为国家立功。有朝一日太后去世，长安君凭着什么在赵国站住脚呢？

老臣认为您替长安君打算不够长远，所以说您疼爱长安君不如疼爱燕后。』太后说：『好吧，那就任凭你安排吧！』于是为长安君准备了一百辆车子，送他到齐国做人质，齐国这才出兵。

原文

子义[1]闻之曰：『人主之子也，骨肉之亲也，犹不能恃无功之尊，无劳之奉，而守金玉之重也，而况人臣乎？』

注释

①子义：赵国的有才之士。

译文

子义听说了这件事，评论道：『国君的儿子，是骨肉之亲，尚且不能倚仗没有功勋的高贵地位、没有劳绩的优厚俸禄，来长期保住贵重的金玉财宝，更何况是做臣子的呢？』